UM JARDIM DE ESPERANÇAS

LUIZ SÉRGIO

UM JARDIM DE ESPERANÇAS

Psicografado por:
IRENE PACHECO MACHADO

11ª edição
1998

Capa: Sérgio Werneck

Sérgio, Luiz (espírito)

Um Jardim de Esperanças/Luiz Sérgio; psicografado por Irene Pacheco Machado. — 11ª ed. — Brasília: Livraria e Editora Recanto, 1998.

196p

1. Espiritismo. 2. Tratamento espiritual
I. Machado, Irene Pacheco. II. Título

CDU 133.9

ISBN 85-86475-21-1

N.E.

1 – O trabalho de psicografia que compõe esta obra transcorreu no ano de 1982, em Brasília-DF - Brasil.

2 – 1ª edição: 1984 – Tiragem: 10.000 exemplares.

3 – Esta edição: do 56º ao 60º milheiro

SEMPRE AO TEU LADO

Senhor, Mestre de Bondade!

Ajoelhada ao pé da Cruz, chamo-Te com voz embargada pela emoção, procuro-Te e nada vejo, a não ser a cruz a enfeitar a terra. O Teu corpo já não se encontra diante dos meus olhos. Onde estás, Jesus, sob a terra ou nos céus?

E me respondes:

"Estou ao teu lado, irmã. Se te sentires cansada, lembra que estarei sempre te ajudando. Quando os homens te chamarem de louca, fica alegre, porque louco ainda sou para os orgulhosos; se a tua cruz jogar-te ao chão, recorda que as quedas nos oferecem forças suficientes para nos mantermos de pé; se o cuspe da calúnia borrifar-te o rosto, estejas certa de que as minhas mãos estarão prontas para secá-lo com respeito e carinho; se a turba enfurecida renegar-te o nome em favor de outros Barrabás, saiba que o teu nome estará sendo pronunciado pelo Pai e que só Ele tem o poder de julgar. Não te desesperes ao sentir os cravos do ódio a te penetrar a carne, acredita que o teu corpo perispiritual está sendo acariciado pela Rosa da Humildade. Levanta-te e anda nos caminhos da vida, mesmo que a morte dos teus sonhos tentem barrar-te os passos; procura levantar os caídos, vestir os nus e alimentar os famintos. O divino Senhor das criaturas está logo ali, na fonte límpida, no gorjeio dos pássaros, no vento que murmura, nas árvores frondosas, nas flores e nos animais. O nosso Pai Amado não permite sejamos sacrificados pela fúria dos homens ou por nós mesmos, embora estejamos distanciados das Suas Leis."

Tudo é silêncio.

A Cruz, só ela, me faz companhia. O nosso Jesus não pode fazê-la desaparecer, porque a construímos com as nossas imperfeições. Ela é nossa e compete a nós mesmos transformá-la em bela morada de paz.

Obrigada, Jesus, por teres ensinado o amor e enfeitado a minha cruz com as rosas do Teu Jardim de Esperanças.

FRANCISCA THERESA

PREFÁCIO

Uma alegria profunda e retumbante tomou conta do meu coração ao ser convidada para prefaciar o oitavo livro de Luiz Sérgio, "Um Jardim de Esperanças". Paralelamente a esse intenso sentimento, veio-me o receio de não me postar à altura da honrosa convocação. E essas duas sensações antagônicas fizeram-me aceitar a difícil missão de comentar as mensagens daquele que foi meu companheiro de folguedos na irresponsabilidade abençoada da infância.

A cada livro, Luiz Sérgio nos abre uma porta antes lacrada, um horizonte até então indevassável. Suas revelações encontram respaldo nos livros de André Luiz, psicografados pelo Médium dos médiuns, Francisco Cândido Xavier.

O fato que mais me chama a atenção nas obras desse querido amigo é o ecletismo com que trata todos os assuntos. Seus livros não têm rótulo e são bem aceitos por pessoas de todas as religiões e credos. Sua única preocupação é levar aos seus leitores uma palavra de esperança em um mundo melhor. Luiz Sérgio não estacionou no tempo, seus escritos revelam a dinâmica existente no plano mais alto e o aperfeiçoamento ininterrupto do espírito que almeja realmente evoluir. Um exemplo singelo é o tratamento do perispírito através das cores. A linguagem simples, sem rebuscos, permite aos que não tiveram oportunidade de se assentar em um banco de escola, assimilar o conteúdo de cada palavra. A revelação de suas gafes em certas situações delicadas fornece-nos pitoresco colorido, tornando a leitura amena e agradável. Luiz Sérgio cresce a cada livro. Com ele aprendemos que a maturidade não anula a alegria, o coração aberto nem a imensurável vontade de ser feliz.

Na presente obra constatamos, de início, a preocupação dos que fizeram a grande viagem com suas famílias, fazendo-os retornar ao plano físico, na tentativa de auxílio aos que aqui permaneceram. Também é abordada a dificuldade imposta ao espírito para se desprender do corpo, em virtude do desespero que se abate sobre os familiares no momento do desencarne. As operações espirituais são descritas com detalhes, concedendo-nos a possibilidade de entendermos melhor certas anomalias verificadas em enfermos. Também nos revela o autor, que as invocações proferidas pelos encarnados não são relegadas ao ocaso, há interesse do desencarnado em atendê-las com sua presença. O comportamento dos médiuns em um Centro Espírita foi analisado com muita propriedade, além de dissertar sobre os efeitos da irradiação à distância. A enumeração das reações de um viciado não foi esquecida, sendo objeto de uma palestra pronunciada por um médico encarnado em um dos Centros visitados.

Enfim, tenho certeza que Luiz Sérgio agradará mais uma vez a todos os que lêem os seus manuscritos.

Gostaria, nesta oportunidade que me foi concedida, de agradecer à médium Irene Pacheco Machado por nos proporcionar o deleite de nos sentirmos junto desse espírito tão querido, através de sua psicografia.

Brasília, 7 de novembro de 1984.

ESTELA MARIS MOSCOSO

SUMÁRIO

CAPÍTULO I

LIÇÃO DE HUMILDADE

— Palário..., pensei não vê-lo mais! Que bom você ainda aqui estar. Ficaria muito triste se não mais o encontrasse.

— Sérgio, acabamos de realizar um pequeno estudo e ele não teria valor algum se não nos respeitássemos como irmãos em Cristo. Todo aprendizado requer dos discípulos fraternidade e, sem ela, nenhum proveito se efetua. Se cada qual retiver somente para si os conhecimentos, dificilmente outros serão beneficiados. Se estivéssemos juntos apenas para cumprir ordens superiores, não exercitaríamos o dever para com as criaturas de Deus.

— Perdoe-me, Palário, é que às vezes penso que ao espírito desencarnado não são pedidas essas regras de boa educação. Assim como suponho que na Terra deve haver igualmente quem imagine que aqui somos inteiramente livres, fugindo da hierarquia e dos pequenos gestos de amizade, como este de dizer até logo.

— Tens razão, Luiz Sérgio, os encarnados ainda ignoram a vida espiritual. Há quem nos julgue superdotados, apenas porque abandonamos o corpo pesado da matéria física, não sabendo que o que deixamos de realizar por displicência, quando encarnados, aprendemos a não repetir. Temos de tomar cuidado para não esquecer que as pequenas faltas também ferem os nossos semelhantes e a boa educação é um emblema dos servidores do Cristo. Nossas indisciplinas plasmam-se em nosso corpo perispiritual, impedindo que sejamos chamados a qualquer trabalho. Quem deseja servir deve esforçar-se para bem servir. O respeito que temos pelos outros muito nos auxilia a sermos respeitados e bem aproveitados pelo Departamento de Ajuda.

— Quer dizer que, se você nem bola me desse e desaparecesse da minha frente sem dizer adeus, estaria incorrendo em falta?

— Sim, numa das mais tristes: a do esquecimento de um amigo que ao meu lado viveu horas inesquecíveis e de grande aprendizado; estaria negligenciando um companheiro, não sabendo ser irmão.

— Palário, você é um barato, um grande camarada, um mestre que se educou para bem saber educar, e dou graças por tê-lo encontrado em meu caminho de aprendiz.

— Sérgio, quero te agradecer a companhia amiga e colocar à tua disposição os meus préstimos. Quando desejares dar um vôo mais alto, lembra que para isso precisamos ter os passos firmes no amor e na disciplina.

— Venha cá, um abraço, e me perdoe se às vezes sou um garoto um pouco brincalhão. Você bem me conhece e sabe que no meu sorriso se esconde um mundo de saudades. Todas as vezes que brinco, é porque desejo que os meus irmãos jamais sintam tristeza. Gostaria mesmo, Palário, de só escrever palavras de esperança e de fé. É tão triste observar olhos vertendo lágrimas, quando tão belos órgãos só deveriam refletir a felicidade armazenada no coração! Pena é que quase todo mundo vive a procurar nos outros a alegria e a paz, e não em si mesmo.

— Prezado amigo, precisamos separar-nos. Retornarei à nossa Colônia, onde devo preparar-me para novas incursões. Uma turma me espera e logo visitaremos as zonas necessitadas. Espero a cada dia por maiores trabalhos, para que o meu espírito deixe de ser tão necessitado.

Ah! o meu amigo!... Uma figura majestosa, mas que precisa ainda ensinar para aprender sempre e cada vez mais, fazendo de cada companheiro um irmão querido, por ser uma grande alma do caminho de Cristo. Ele pertence àquele grupo que, para orientar, se coloca ao lado do aprendiz, sem demonstrar sabedoria apenas para ser admirado. Ombro a ombro, coração com coração, se aprende muito mais a ser humilde.

Fitei meu instrutor bem nos olhos e o apertei num abraço, dizendo:

— Obrigado, Palário, pela grande lição de humildade, jamais me fazendo sentir inferior a você, mas sempre me ajudando a dilatar o intelecto para que eu compreenda melhor o mundo que encontrei e me faça o menor dos servos do Senhor. Espero que aqueles que nos leiam recebam a mensagem tão viva do seu comportamento como instrutor de espíritos necessitados e se coloquem na condição de servidores do Mestre. As suas atitudes, Palário, bem retratam que ninguém possui tanto conhecimento que não possa aprender algo mais, a exemplo do Mestre que se fez mendigo para melhor ensinar, enquanto os rabinos, com suas luxuosas vestes, apenas ficaram presos às letras das Escrituras. Devemos mirar-nos no espelho mais fiel à imagem do Pai - Jesus Cristo. Ele sempre foi um estudioso atento, dialogando com os ignorantes. Fez da própria vida uma escola eterna de bondade. Você, Palário, em momento algum deixou transparecer os seus conhecimentos, enquanto as suas atitudes sábias o colocavam ao meu lado como um amigo muito querido. Ao ensinar-me, dava-me a impressão de que também aprendia e creio que assim devem proceder os trabalhadores do Cristo. O mundo, sendo uma escola, está cansado da opressão e os alunos estão pedindo exemplos.

— Nunca fui mestre, Luiz Sérgio, porque ainda sou um discípulo. Se ostentasse tal saber estaria traindo meus ideais de cristão e o servidor deve esmerar-se para não se deixar levar pelo orgulho, ao sentir sob sua responsabilidade vários espíritos. Se destinado foi a esse tipo de tarefa, é porque outrora nela falhou e quem sabe não fora o orgulho uma das causas do seu fracasso? Luiz Sérgio, vamos recordar o Mestre, quando os filhos de Zebedeu desejaram sentar-se à Sua direita e os outros apóstolos "indignaram-se contra os dois irmãos". Jesus, bom conhecedor das imperfeições dos Seus irmãos, deixou-nos esta rica parábola, que serve perfeitamente para os que foram chamados para ficar à frente de qualquer trabalho. "Mas Jesus os chamou a si e lhes disse: Sabeis que os príncipes das nações dominam os seus vassalos, e que os maiores exercitam sobre eles o seu poder. Não será assim entre vós; mas aquele que quiser ser o maior, esse seja o vosso servidor; e o que entre vós quiser ser o primeiro, seja o vosso servo; assim como o Filho do Homem, que não veio para ser servido, mas para servir, e para dar a sua vida em redenção de muitos". (Mateus, Capítulo XX,versículos 20 a 28).

Com estas palavras, o meu amigo Palário se despediu. Fiquei a olhá-lo até desaparecer em uma das alamedas da Faculdade.

Sozinho com os meus pensamentos, fui andando cabisbaixo, brincando com a hera. Aproximei-me de uma grande árvore e com ela me abracei, desejando sentir que não estava sozinho. Escutei o trinado dos pássaros que, irrequietos, tudo faziam para me chamar a atenção. Um deles me pousou no ombro:

— Como vai, Tico, sempre feliz, não é mesmo? Neste belo jardim, onde o perfume de Maria dá vida a todos, gostaria de ser como você, alegre e saltitante, beijando as flores, dando ao homem a oportunidade de não se sentir sozinho.

Tico não podia falar, mas assobiou uma canção que os meus ouvidos jamais haviam escutado — era a sua resposta às minhas insensatas palavras, porque todos nós temos uma tarefa e ele muito bem está realizando a dele, alegrando o jardim de Maria.

— Até, Tico, até, irmã árvore, pois preciso trabalhar.

CAPÍTULO II

RESPONSABILIDADES AUMENTADAS

Dei meia volta e esbarrei em alguém. Quase mudo, olhei, sem poder acreditar. Ali, à minha frente, estava a minha grande amiga Samita[1].

— Samita, quantas saudades! Que faz aqui na Colônia? Pensei que estivesse na Terra, servindo nos trabalhos de cura.

— Antes, o meu abraço, garoto querido, depois as respostas... Sim, estou trabalhando em vários grupos de cura. Este o motivo da minha presença aqui, onde venho sempre haurir forças e aprendizado. Os médicos na crosta da Terra não precisam sempre dos congressos e dos cursos de especialização? Então, imagine nós, os que temos de labutar entre eles! Sei, Luiz, que você acaba de voltar de um sério trabalho, não é mesmo?

— Se foi sério, não sei, mas que me serviu muito, isso serviu! Samita, se puder acompanhar-me, iremos juntos ao Departamento de Tarefas, onde preciso me orientar. Estou em dúvida se volto à Colônia dos Miosótis, para um contato mais direto com o serviço que o nosso Grupo realiza na Terra, ou se fico por aqui mais uns dias, aprendendo a servir.

---

1. Jovem médica, de quem o autor foi companheiro de trabalho, conforme descrito no livro "Na Esperança de Uma Nova Vida".

— Sinto imensamente, mas não vai ser possível. Desejo a você muita paz e, quando estiver na Crosta, procure-me lá no grupo onde presto serviço. Terá muito a relatar aos seus leitores sobre o tratamento espiritual e me sentirei feliz em tê-lo por perto.

Abraçando bem forte a minha querida irmã, deixei cair as lágrimas e ela, carinhosamente, as enxugou, dizendo:

— Bobinho, quem ama não diz adeus!

— Espere, Samita, que vou aparecer por lá e desejo aprender mesmo a mexer com os seus aparelhos complicados.

Despedimo-nos. Chegando ao Departamento, bato à porta e sou atendido por um senhor.

— Seja bem-vindo, Luiz Sérgio, Lourenço o espera. Boa sorte, amigo.

— Aqui me encontro ao seu inteiro dispor — disse eu a Lourenço.

Virando-se, já que se encontrava contemplando os belos prados que circundam a Faculdade, sorriu-me, dizendo:

— Graças ao Senhor estás aqui mais uma vez, como um aprendiz atento ao progresso não só do seu espírito, como de tudo e de todos. Luiz Sérgio, as responsabilidades são aumentadas à medida que vamos realizando os trabalhos e tu bem sabes que só recebemos o que temos direito, jamais devendo pedir carga além da nossa capacidade.

— Irmão Lourenço, feliz sou por tudo o que venho recebendo e me sinto recompensado pelos amigos que tenho encontrado em meu caminho, e o irmão tem sido a mão amiga, sempre me amparando e indicando a direção a tomar.

— Luiz Sérgio, quem negligencia trabalho não sabe o mal que está fazendo ao seu espírito. Muitos iniciam com muita vontade, mas à medida que vão deparando com as dificuldades, voltam aqui pedindo dispensa ou troca por outras atividades, menos intensas.

— Não me diga, Lourenço, que até aqui tem esses caras de pau!...

O auxiliar de Lourenço, que guardava alguns escritos, parou, fitando-me, assustado.

— Perdoem-me, amigos, às vezes não me contenho.

Lourenço prosseguiu:

— Muitos desejam subir, mas não querem lutar por isso; se escorregam, julgam que vão cair e desistem.

— Ainda bem que fui um garoto que adorava subir em árvores e levei bons tombos, para aprender a ficar em pé.

— A alegria do teu coração forma ao teu redor uma aura de boas vibrações, concedendo-te forças para as tarefas assumidas. Sinto que o irmão tem uma necessidade muito grande de trabalhar. Percebemos que desejas deixar para trás muita coisa. Se Deus quiser, vais conseguir, ajudando aqueles que pouco lutam para vencer a si próprios. Calixto, leve o Luiz até a ala treze.

— Obrigado, Lourenço, você tem sido a estrela de Jesus, clareando-me a caminhada, tentando tirar-me do solo, oferecendo-me tarefas que me fazem, dia-a-dia, sentir mais leve para, com o vôo mais alto, alcançar o perdão dos meus erros.

Fui-me retirando, acompanhado de Calixto. Quando nos aproximávamos da ala treze, senti a responsabilidade do meu trabalho, pois tivemos de passar por três sentinelas, que nos aplicaram passes restauradores.

— Calixto, isso está me cheirando a trabalho, e do grosso, não é mesmo?

Meu companheiro apenas sorriu, divertindo-se com a minha maneira de expressar. Na ante-sala um velhinho todo de azul nos esperava.

— Sejam bem-vindos!

Olhei para o Calixto, pensando: “coitado, ele nada tem a ver com tudo isso, só veio me trazer”.

CAPÍTULO III

UM JARDIM DE ESPERANÇAS

Fomos introduzidos numa cabine transparente, como essas de telefone. Quando nela penetramos, um jogo de luzes energizou o nosso corpo espiritual e nos sentimos um pouco sonolentos. Quanto tempo ali ficamos, não sei dizer, e só percebi a beleza do ambiente quando abrimos os olhos. Eu e Calixto estávamos agora vestidos com os clássicos camisolões azuis! Tive vontade de rir, mas logo percebi que não era o momento. O lugar era um imenso jardim, com flores gigantes de vários matizes, prevalecendo as cores lilás, rosa e azul. Parecia o jardim do Éden; muitas entidades, de camisolões, por ele passeavam. Confesso que, se não fosse o amigo Calixto estar comigo, me imaginaria morto, gozando o paraíso, mas o meu amigo me despertou para a realidade, falando:

— Luiz Sérgio, o Lourenço disse para procurarmos o Departamento oito. Tanay e Inay nos esperam.

Fomos caminhando entre vários espíritos até chegarmos à ala oito — um pequeno Departamento, lembrando as repartições públicas do interior do Brasil. Um jovem veio receber-nos e logo estávamos à frente de uma bela entidade, portando um manto amarelo. Os reflexos solares banhavam-lhe de energias. Era Tanay. Eu e Calixto, parados ali, parecíamos petrificados pela vibração do ambiente.

— Sejam bem-vindos, espero que estejam conscientes do trabalho que realizarão. Sintam-se felizes por terem encontrado um jardim de esperanças. Aquisomos os pequenos servidores do Mestre, irmanados em prol de uma Terra renovada; daqui partem tarefeiros com a missão de intuírem imperfeitos espíritos, que vagueiam no pranto e no ranger de remorsos. Daqui emanamos vibrações de amor ao charco que, dia-a-dia, toma conta do nosso Planeta querido, pelas violências praticadas em virtude do egoísmo e da ganância das criaturas.

— Estamos inteiramente à disposição de seus trabalhos, irmão; aqui viemos trazidos pela vontade de somente servir e aprender, disse eu.

— Já conheço as tuas necessidades e a tua grande força de vontade.

E continuou:

— Calixto, desejamos que, acompanhado de Luiz Sérgio, consigas a renovação espiritual de tua família, já que esta é a tua maior dor.

Voltei os olhos para o meu amigo e então pude perceber a sua fisionomia. Era um carinhoso pai que ainda não descansara por incompreensão da família encarnada, que chegava ao ponto de obsediá-lo com tantos erros.

— Irmão Inay, leve-os ao gabinete. Estarei lá, em seguida, para melhor conversarmos.

— Calixto — falei baixinho — onde nos metemos?!... Parece um conto de mil e uma noites!

— Cala-te, Luiz Sérgio, e espera para melhor compreenderes. Até agora só tens te assustado e se continuares assim o portão desta ala fechar-se-á para nós.

— Não brinca, amigo, estou é curioso, confesso, mas vou procurar controlar-me.

— Assim espero, Sérgio, não devemos voltar atrás, já que vimos aqui cumprindo toda uma rota traçada por aqueles que em nós confiam.

— Desculpe-me, amigo, se ainda esbarro nas minhas deficiências.

— Sentemo-nos e procuremos entrar no campo livre da consciência. Não importa o quanto demoremos. Temos o tempo necessário para a nossa higiene mental, deixando para trás os miasmas pesados.

E posso afirmar que a minha mente ficou tão livre e aberta para os novos aprendizados, que tive a certeza de que muitas páginas poderão ser escritas por este jovem que só deseja que a Terra se transforme em um jardim de esperanças.

CAPÍTULO IV

EM CADA COMPANHEIRO NOVAS EXPERIÊNCIAS

— Peço desculpas por me ter atrasado alguns segundos, porém o bastante, espero, para que os irmãos tenham tido melhor contato com o nosso Departamento.

Encontrava-me mudo pela emoção, quando Tanay disse-me:

— Luiz Sérgio, sei que a tua curiosidade é imensa, por tudo o que estás observando e pouco compreendendo. Estás no Departamento de onde partem as caravanas de ajuda e de estudos.

— Mas, Senhor, várias vezes já fui à Crosta em outras caravanas e por que esta é tão diferente?

— Irmão, o teu trabalho descortinar-se-á, paulatinamente, de acordo com a tua vontade. Nas mãos do tarefeiro está o êxito ou o fracasso de qualquer serviço.

— Espero jamais falhar e sei que sempre contarei com bons amigos.

— Tens razão, o ser que se acha apto a realizar tudo sozinho, desprezando a inteligência do seu próximo, é candidato forte a decepções, porque o orgulho é o pior inimigo de qualquer tarefa. Os apóstolos, ao se colocarem a serviço do Mestre, tudo deixaram para trás: ganância, vaidade, egoísmo, amor-próprio, por isso venceram o mundo físico. Bem sabemos que um deles fracassou por desejar além do que a vida pôde lhe oferecer. Se formos bons observadores, veremos que cada companheiro nosso tem muito a ofertar em experiências. Desprezá-lo é não aceitar os ensinamentos de Cristo, que nos manda sejamos fraternos.

Calixto nada falava. Tanay lhe perguntou:

— Como vai tua filha, já resolveu assumir a tarefa mediúnica?

— Irmão, espero que, com a minha volta à crosta da Terra, possamos ajudá-la.

O amigo nada retrucou. Apenas estendeu a mão em despedida, desejando-nos bons trabalhos. Pensei: "continuo sem saber por que aqui me encontro e para onde vou". Quando ultrapassamos a porta, dois irmãos nos esperavam: Jacinto e Gumercindo, que, muito solícitos, nos convidaram a acompanhá-los. Eu tudo admirava. Por que nunca descobrira essa nova Colônia, junto à Faculdade?... Era uma cidade à parte.

O bom Calixto, percebendo minha ansiedade, tentou explicar-me:

— Este é o alojamento dos professores e para esta nova tarefa que vamos tentar realizar precisamos por aqui passar.

Fiquei quieto, tentando entender, mas nada como o tempo. Logo entramos em uma pequena sala, instalando-nos junto a uma mesa oval. Todos os que ali se encontravam levantaram-se até que nos acomodássemos. Voltei os olhos para os meus três novos companheiros — Calixto, Gumercindo e Jacinto — e senti saudades dos outros que muito me têm ajudado; porém, imediatamente, dei graças pelos muitos amigos que a vida me tem presenteado. Já sentados, vários minutos ficamos em total silêncio. O sono logo desejou fazer-me companhia, mas relutei, sabendo que isto é uma falta muito grande para com aqueles que se encontram ao nosso lado.

Um dos irmãos iniciou a palestra:

— Recebemos a bênção do trabalho, esperando estarmos em condição de realizá-lo. Hoje desceremos à Crosta, levando como bagagem os ensinamentos aqui recebidos, que são o amor do Cristo e o Seu Evangelho. Ninguém consegue ser útil se ainda não aprendeu a servir. Os bons tarefeiros não tocam sinetas, chamando a atenção sobre si. Quem se auto-elogia está longe de se tornar irmão em Jesus. Todos somos discípulos e, se ainda não nos convencemos disso, desejando nos tornar professores, lembremo-nos de que Ele nos chamou de amigos e não de servos. Por que almejarmos ser melhores que Jesus, distanciando-nos dos nossos irmãos? A tarefa é muito simples, os homens é que a complicam, quando chamados a realizá-la.

Eu não tirava os olhos daquele que pregava. Quanta dignidade! Ombro a ombro com os aprendizes de tarefeiros, em nenhum momento ele se colocou em posição superior a nós. Sequer se sentou à frente da mesa — o seu lugar era igual ao nosso. Sabíamos trata-se de uma entidade superior pela vibração e pelo olhar puro, que só quem ama o tem.

— Bem, meus amigos, que Deus os acompanhe e que os seus momentos de aprendizado sejam de muito trabalho.

Ficamos muito tempo orando e, quando saímos, o nosso amigo Gumercindo, incentivando-nos, disse:

— Vamos, irmãos, pegar a charrua. Há muito a deixamos à beira do caminho.

Gumercindo — logo percebi — seria o encarregado do grupo e mais uma vez o Luiz Sérgio se junta a novos companheiros.

Mal havia terminado de pensar, quando ele nos falou:

— Vamos ao irmão Inay, ele nos espera.

Para minha surpresa, o amigo Inay — que conhecemos ao lado de Tanay — já não se encontrava de camisolão e, sim, com uma roupa bem jovem. Apresentou-nos mais dois:

— Irmãos, aqui temos o Najii e o Félix, que se juntam a vocês.

Com aqueles garotões me senti em casa. Quanto ao Jacinto, tive por ele uma ternura muito grande. No mesmo instante, sorriu-me, agradecido. Najii aparenta ter apenas vinte e dois anos, o Félix uns dezenove.

CAPÍTULO V

MEDIUNIDADE EM DESEQUILÍBRIO POR TRABALHO RELEGADO

Na Crosta, o primeiro trabalho foi em casa de Calixto. Uma jovem senhora, fumando muito, conservava-se pensativa. O nosso amigo fitava-a com ternura. Ali, uma das suas filhas — Érica — lutava pela felicidade, esquecida de buscá-la nos ensinamentos do Cristo. Ouvimos a algazarra de duas crianças: uma de treze, outra de onze anos, que brigavam como cão e gato. Ela acorreu, gritando histericamente e jogando tudo sobre os filhos. Esforçávamo-nos para separá-los. Mãe e filhos pareciam dominados por uma onda de cólera. Confesso que senti uma vontade muito grande de apartá-los à força e chamar a atenção daquela mãe tão desequilibrada; no entanto, ao perceber a serenidade de Gumercindo, que a tudo assistia, e dos outros, que emanavam fluidos sobre uns pontos negros que circulavam o corpo físico da jovem senhora, a eles me juntei. A irmã foi acalmando-se, mas a sua fúria deixara bem machucadas as duas crianças.

— Calixto, por que isso? Há quanto tempo você desencarnou?

— Luiz Sérgio, quando a trombose me libertou do corpo físico, contava Érica apenas cinco anos. Foi criada por minha antiga companheira e seu novo esposo. A mãe, para suprir minha falta, fazia-lhe todas as vontades. Desde pequena ela apresenta distúrbios que os médicos julgam físicos, mas sabemos que são fluidos acumulados. Sua mediunidade está bem atuante e Érica tem depressões terríveis. O esposo sofre com essas crises, que dia-a-dia estão aumentando. Quando a aconselham a procurar um Centro, fica furiosa, julgando ser coisa de maluco, mas, no fundo, sabe que precisa, pois ouve e percebe espíritos, aqueles que mais com ela se assemelham. Os filhos são as maiores vítimas e têm, na mãe, o campo por onde as entidades infelizes se aproveitam para causar todo esse desequilíbrio.

— E Deus, Calixto, onde fica, permitindo que inocentes crianças sejam vítimas de uma mulher obsediada? E os anjos guardiães?

— Irmão, o que estamos fazendo aqui? Por que fomos chamados? Em que cremos?

— Perdoa-me, amigo, só Deus mesmo pode dar jeito em tanta coisa errada.

Félix tentava consolar o garoto de treze anos, que alimentava a idéia de fugir de casa, principalmente quando olhava as marcas feitas pelas surras e pelos objetos que lhe eram atirados. Félix orava e intuía o jovem a se manter longe da vibração pesada da casa, mas este, juntamente com amigos de colégio, que também possuíam problemas com os pais, planejava um modo de se ver livre. Jacinto acercou-se de Félix, ficando ali com o mais velho, e eu procurei o menorzinho que estava sentado nos fundos na área de serviço. Chorava baixinho. Pedia ele a Jesus que o tirasse da Terra, pois queria morrer e pensava mesmo em se matar. Primeiro olhou a água sanitária, com intenção de ingeri-la; logo procurei tirar tal idéia da sua mente. Aí, de um pulo, alcançou a janela, como se uma força o levasse a isso. Supliquei o auxílio de Deus, pois me sentia já sem forças, quando Najii fixou o olhar na mãe que até ali viera para ver o filho, trazida pela vontade de Calixto. O menino, com as duas mãos espalmadas sobre o parapeito, deteve-se.

— Meu filho, o que estás a fazer?

Ele apenas respondeu:

— Quero morrer para me livrar. Já estou cansado de apanhar injustamente.

A mãe, chorando em desespero, abraçou-se com ele não sabendo o que fazer. Nesse momento o irmão mais velho juntou-se a eles. Era uma cena muito triste, onde três criaturas lutavam para viver em harmonia, sem saber que só o Evangelho tem a chave da felicidade. Muitos poderão indagar: "— Mas só uma briguinha de família pode levar a tão graves acontecimentos?" Sim, meus irmãos, às vezes, uma simples brincadeira encontra no próprio ambiente, por este não se manter equilibrado, um vulcão de más vibrações.

Gumercindo convidou-nos à prece, dizendo ao Calixto:

— Tens permissão de ficar aqui por uns dias, tentando levar tua filha a cumprir a tarefa que escolheu na Espiritualidade. Ela prometeu ser uma servidora do Senhor. O seu corpo físico foi preparado para essa missão e agora foge do compromisso. Muitos dizem que o médium sofre primeiro para ser levado ao trabalho. Outros pensam que são os mentores que causam as lágrimas e a dor, ignorando que, se o médium se afasta de Cristo, os mentores não podem dele se aproximar. Há pouco dissemos que o corpo físico foi preparado para o trabalho mediúnico do bem e, se não é usado para esse fim, que é o da ajuda ao próximo, bem cedo, a exemplo de um aparelho primoroso em um hospital, não utilizado para as finalidades propostas, a ferrugem e a poeira o transformam em uma peça inútil, depositório de baratas. A irmã está sendo vítima de entidades que se comprazem em discórdias, lágrimas e dores e nada faz para se ver livre delas, porque pensa que a reforma íntima torna imbecis as pessoas, olvidando que a maior imbecilidade é o desrespeito às leis de Deus.

— Irmão, esta moça precisa desenvolver a mediunidade?

— Luiz Sérgio, ninguém desenvolve a mediunidade e sim a educa. Ela já é médium, porém em desequilíbrio por desconhecer este intercâmbio que só o estudo das obras básicas dar-lhe-á condição de elucidá-la.

— Então, mentor não judia de ninguém, não é mesmo?

— Não, os amigos espirituais não maltratam para ensinar, porque das mãos de Deus receberam o perdão, pois só ofertam aquilo que possuem. Quem já chegou aonde eles chegaram, somente pode dar amor.

Enquanto ouvíamos o nosso irmão Gumercindo, o ambiente se harmonizara. O pai, de volta do trabalho, encontrou tudo calmo; parecia que tudo normalizara. Quando se recolheram, Calixto, como membro daquele lar, desejou que fizéssemos o culto evangélico. Sentamo-nos à mesa e pedimos a Jesus para que Érica tivesse a coragem de convidá-Lo a ceiar ali no seu lar, mesmo sabendo que muitas renúncias lhe seriam cobradas. No momento em que nos sentamos, Calixto quis ceder o lugar de honra para Gumercindo que, agradecido, lhe disse:

— O lugar te pertence, és um dos membros desta família e a ele tens direito.

Desfolhamos ao léu o Evangelho e ele nos presenteou com o Capítulo II da Epístola de Paulo a Tito:

"Os velhos sejam sóbrios, honestos, prudentes, sadios na fé, na caridade, na paciência; igualmente as mulheres idosas, que mostrem no seu exterior uma modéstia santa, que não sejam caluniadoras, não dadas a muito vinho, que ensinem o bem,..."

Ao terminarmos, a casa parecia haver recebido uma nova pintura e pude perceber que seus moradores, desdobrados pelo sono, também participaram do Culto, porém afastados da mesa — era como se temessem o contato com o Evangelho. Mas a semente foi plantada e ficamos à espera do dia seguinte, para ver como andariam as coisas. Fui até o quarto dos garotos e acariciei, devagarinho, as marcas roxas deixadas no corpo do menor, dizendo para mim: "não há maior covardia do que esbofetear uma criança indefesa. Existem várias maneiras de corrigi-la. Se o castigo é terrível para um adulto, imagine para uma criança!" Ele sorriu, como se me compreendesse, e eu apenas pude lhe dizer: "amigo, eu lhe desejo um jardim de esperanças."

CAPÍTULO VI

CASA LIMPA, PERMUTA DE AMOR

Naquele lar, a falta de Evangelho fazia com que os seus ocupantes vivessem em constantes brigas. O dia amanhecera chuvoso e a nossa Érica achou por bem arrumar a casa, que por sinal era por demais anarquizada. Esse trabalho, normal em outros lares, ali foi o início de uma grande batalha. As crianças nem podiam andar, eram gritos e mais gritos. Ela se encontrava muito nervosa. Calixto, sempre orando, procurava ajudá-la. O garoto mais velho resolveu auxiliar a mãe e esta sorriu contente. Respiramos aliviados, mas apenas por pouco tempo. Encostando-se ele em uma peça valiosa, esta caiu no chão, partindo-se. A reação de Érica nos espantou muito. Imagine às crianças! Aí, tudo reiniciou: gritos, tapas, objetos atirados. Os meninos se trancaram no quarto, assustados. Notei que Calixto acercara-se de uma entidade meio esquisita e esta relutava em ouvi-lo, mas ele, com voz suave, falava, falava... Enquanto os outros emanavam fluidos, que foram formando como que uma rede, ela se deu conta de não se encontrar mais em condição de se libertar. Perguntei ao Félix se isso estava certo.

— E o livre arbítrio?

— Luiz Sérgio, quando percebemos que várias pessoas serão vítimas da maldade, temos permissão para intervir. Já usamos vários meios para persuadi-lo ao bom caminho, mas tem relutado sempre. Agora ele irá assistir a um pequeno curso, com aulas muito bem ministradas por irmãos bastante capacitados.

— Será levado a alguma Colônia?

— Não, no momento não tem condição de se retirar daqui. Ele terá de aprender a conviver com esta família, sem perturbá-la. Ficará aqui, onde todos os dias assistirá a aulas com "slides" educativos, muitos deles da sua própria vida. Por sinal, vamo-nos aproximar, que o nosso amigo Gumercindo vai dar início à projeção. Olegário, o espírito perturbador, olhava a todos nós com indiferença, muito seguro de sua força. A sala espiritual era mais ou menos de cinco por quatro, um pouco maior que a sala material de Érica; e ali, sem poder sair, Olegário, pensativo, procurava uma forma de se libertar. Espírito de muita inteligência, não queria admitir que tivéssemos condição de mantê-lo passivo. Projetaram a vida de Jesus. Atento, ele a tudo assistia quando interferiu:

— Nessa passagem falta o versículo...

Estranhei essa atitude e Gumercindo esclareceu:

— Fizemos de propósito, pois temos conhecimento de que Olegário conhece a vida de Jesus muito bem. É um meio que ele encontra para ludibriar alguns dirigentes de Grupo, quando é levado para ser doutrinado.

— Não me diga, irmão!

— Sim! É um fato.

Olegário tirara do bolso uma caderneta e nela fazia apontamentos, porque aquele filme sobre Jesus possuía lindas passagens não escritas nos Evangelhos. No início, escrevia ligeiro, não querendo perder nada, porém, gradativamente, foi ficando nervoso e começou a chorar, tentando dali fugir. O jovem Najii fazia uma prece belíssima, acompanhando o desenrolar do filme. Olegário curvou-se para o chão, com as mãos no rosto. Dizia:

— É mentira! Eu não sou esse carrasco, nunca fui ruim, foram os homens que me fizeram revoltado, com as acusações injustas!

Ninguém lhe endereçara a palavra, porém, confesso que me encontrava impaciente para lhe dizer alguma coisa. Então iniciei uma prece, procurando me desligar, já que todos nós ali éramos instrumentos de um Plano mais Alto. Daí para frente Olegário me pareceu um robô e, pouco a pouco, foi-se desfazendo, como que perdendo as energias, transformando-se em um amontoado de carvão caído no solo. Todo encurvado sobre si mesmo, era agora uma bola escura, que nada conservara da forma anterior.

Cocei minha cabeça, sem compreender. Félix apontou para o alto, dizendo:

— Veja, Luiz Sérgio, acima de nós!

Outros espíritos capacitados para aquele trabalho afastavam de Olegário toda a influenciação de que era portador. Antes, ele cumpria tudo o que o chefe lhe ordenava e transmitia aos seus comparsas — que também foram socorridos. Assim dominavam aquela família, quase os levando à loucura.

— E por que foi perdendo a forma perispiritual?

— Muito natural. Ele era mantido pelas mentes da organização das trevas, que tentam ludibriar muitos Centros, enganando até alguns médiuns videntes, pois se apresentam com boa aparência.

— E o vidente cai nessa?

— Sim, se não for experiente e não medir as vibrações. Quantos na Terra são enganados assim!...

— Então o vidente deve tomar cuidado, não é mesmo?

— Não só eles como todos os que convivem com a Doutrina. Um grupo onde a vaidade faz morada torna-se presa fácil de enganadores.

Calixto e Gumercindo nos levaram para junto da família que, bem mais calma, saboreava o jantar, já com a casa limpa, não só no campo físico como na área espiritual. Nereu, marido de Érica, disse-lhe:

— Querida, amanhã virá aqui um casal amigo, recém-chegado à cidade, que irá precisar muito da nossa atenção.

— Ainda bem que limpei a casa, estava tão suja!

Quem os visse ali, serenos, não imaginaria as brigas que tinham. Passei por todos os cômodos e não senti mais a pesada vibração de antes. Alegrei-me muito. Najii também.

— Sérgio, que paz, não?

— Meu amigo, nem fala! O poder de Deus é infinito.

— Irmão, se esta família não tomar uma resolução urgente, poucos dias este lar terá de paz. Tudo recomeçará.

— Por quê, amigo?

— Sérgio, Érica tem uma tarefa a realizar; é um campo de pouso que, se tratado, servirá a belas aeronaves. Caso contrário, entidades iguais a Olegário breve aqui serão trazidas. Hoje ele também foi socorrido, mas logo os chefes mandarão espíritos treinados, melhores ou semelhantes a ele.

— Então não está a salvo este lar?

— Não. Somente os seus ocupantes poderão fechar a porta para esses irmãozinhos. A fábrica faz a fechadura, o homem é quem a escolhe e usa; apenas ao dono-da-casa compete fechá-la. O casal que vem amanhã até aqui é espírita e vai ser o instrumento de que precisamos para Érica trabalhar. Terá oportunidade de fechar o canal que hoje se encontra aberto, fazendo sintonia com tão endurecidas criaturas.

Mais uma vez nos sentamos à mesa e oramos, abrindo o Evangelho ao léu. Fomos brindados com o Capítulo XII, versículo 43 de Mateus, que tão bem serviu para aquele lar, mostrando que temos necessidade de manter a casa limpa, isto é, o nosso interior. Não adianta procurarmos os templos religiosos, se permanecermos sujos por dentro; só a luz interior, que ilumina nossos olhos, nos faz enxergar a vida como ela é: uma permuta de amor. O lar de Nereu e Érica recebeu a ajuda do Pai, mas eles, só eles, é que têm o dever de mantê-lo em paz.

Fomos deixando para trás a casa da filha de Calixto. Deveras agradecido, ele ia permanecer ali com outros familiares desencarnados, já preparados para ajudar; tentariam convencer Érica a se ocupar das coisas de Deus. Abracei o amigo que ficava e ele nos desejou muita paz.

— Tenho fé que sua família logo estará servindo ao Senhor.

Ele nada acrescentou, mas senti que cria, e muito, que isso viesse a acontecer.

— Gumercindo, que trabalho! Ainda estou como que em transe por presenciar a transformação de Olegário, também uma vítima de outras mentes. Por que isso aconteceu?

— Fraqueza de espírito. Quando não nos ligamos ao Pai, ficam aqui mesmo, na Crosta, as nossas vontades e nos unimos àqueles que julgamos fortes; eles nos aprisionam sem piedade, porque não são bons. "Bom, só Deus o é".

Nada falei. Contudo, meu coração correu para perto d'Ele e sei que foi reconfortado, pois senti uma vontade imensa de abraçar cada irmão, dizendo:

— Nós somos o amor, só precisamos nos respeitar para termos a certeza disso.

As flores e as árvores foram os primeiros a me saudar, como se houvessem me ouvido, e eu, Luiz Sérgio, pisei bem firme no nosso jardim, consciente de que o Pai me ampara, porque me ama.

CAPÍTULO VII

A CARTA CONSOLADORA DE FÉLIX

Dali rumamos para outro lar e, com pesar, também presenciamos a falta do Evangelho. A família era composta de quatro pessoas, entretanto parecia que ali morava um batalhão, tal o desalinho na arrumação e os gritos. Ninguém se entendia, bastava alguém dizer alguma coisa para o outro irritar-se. Apresentamo-nos ao mentor daquele lar, que tentava desesperadamente elucidá-los, mas todos estavam longe de ouvi-lo.

O livre arbítrio mostra-nos a abundância do amor do Pai — quem ama não aprisiona. Ele nos torna donos da nossa consciência, concedendo-nos o direito de escolha. Entretanto, o Pai, vigilante, deixa sempre um amigo ao nosso lado para nos oferecer a mão no momento preciso.

A tudo examinávamos, quando notamos várias entidades deleitando-se com a desarrumação da casa. As roupas atiradas no chão, por estarem sujas, era doce atrativo para aquelas entidades, que as cheiravam, desejando aspirar as vibrações dos encarnados, principalmente daqueles que fumavam ou ingeriam bebidas alcoólicas. Um quadro deprimente. Até as vasilhas sujas eram pratos apetitosos para aqueles pobres irmãos.

A dona-da-casa nos parecia cansada e sem ânimo para nada. Os filhos só se sentiam bem na rua, com os colegas. O marido, lutando para conquistar posições, era apenas um veículo de carregar dinheiro, porquanto só nisso pensava.

Ao observar Félix, este me pareceu envergonhado, olhos marejados de lágrimas. Aproximara-se da senhora que fumava desesperadamente e ela, arrepiando-se toda, murmurou:

— Cruzes! Meus Deus!

— É a família dele — esclareceu Najii.

— Não me diga! — e nada mais acrescentei ao perceber Gumercindo aplicando passes em Rosita, a mãe de Félix, que começou a chorar, lembrando-se do filho que desencarnara em desastre automobilístico havia cinco anos. A jovem Dalva, entrando no quarto, sacudiu a cabeça, dizendo:

— Já vão recomeçar as lamentações?... Eu e Gilberto não agüentamos mais isso!

Saiu, e eu a acompanhei, tentando fazê-la compreender a tristeza de sua mãe.

— Chego a ter raiva do Félix. Ele destruiu nosso lar com a sua morte. Desde que se foi, a barra ficou negra. Só ele era bom..., só ele era certinho..., só ele era estudioso..., só ele era bom filho... Ora bolas, que ele vá para o inferno!

Como estas palavras machucaram Félix! Justamente ele que tanto sofria ao presenciar o apego dos pais às suas coisas e a indiferença destes pelos dois filhos que ficaram. Nesse instante compreendi a causa da revolta daqueles dois adolescentes. A garota tinha dezessete anos e o rapaz, dezoito. Eles se sentiam desprezados pelos pais, que só com o Félix se preocupavam. Acariciei os cabelos da nossa Dalva. Chorando bastante, ela pensava em sair de casa, com a intenção de despertar os pais. Os meus amigos também a enlaçaram com vibrações de amor e ela, bem mais calma, voltou ao quarto à procura da mãe.

— Já melhorou? Deseja alguma coisa?

— Não, minha filha, o que desejo só Deus pode conceder: levar-me até meu filho.

— Vai começar de novo?

Ia sair novamente, porém, nós a impedimos e Félix conseguiu fazer com que sua mãe compreendesse, pela primeira vez, como vinha agindo errado para com os filhos. Rosita procurou abraçar a filha com carinho, dizendo:

— Você também é muito importante para mim, minha filha. Gosto tanto de você quanto de seu irmão, mas como não sofrer ao recordar que meu Félix, tão jovem, está morto. Antes cheio de vida, agora sob a terra.

— Mãe, muitos dizem que não existe morte, que ninguém morre.

— Quem falou essas coisas para você deve ser algum louco feiticeiro. Que nada, filhinha, ele morreu, eu sinto isso!

A menina não quis discutir, mas já estava procurando um meio de despertar os pais, e Félix ia ajudá-la.

— Mamãe, eu e Gilberto estamos vivos e precisamos de vocês, por que nos esquecem?

— Não venha com bobagem, menina! Vocês dois têm bons carros, dinheiro, conforto, amigos e o coitadinho do seu irmão, o que tem? Só a terra sobre os seus pobres ossos.

Dalva desistiu, saindo devagar, desconsolada. Dessa vez Félix a seguiu e muito conversou com ela que, levada pela carência materna, já se encontrava comprometida com um tipo de vida bem distante do Evangelho.

Nisso chega o jovem irmão, logo se irritando quando Dalva falou da tristeza da mãe. Por sua fisionomia, pudemos constatar que ali se encontrava um dependente de drogas. "o que viemos aqui fazer? Só olhar esta família? Como podemos ajudá-los? Assim eu pensava, quando dei pela ausência de Najii, mas nada perguntei aos outros. Nesse momento, alguém tocou a campainha da porta. Era uma senhora já bem idosa, avó dos meninos, que procurava a nora. Quem vimos junto dela? O Najii, sorridente, como a dizer: "missão quase cumprida". Não compreendi, mas os acompanhei depois que Gumercindo me autorizou. A senhora entrou no quarto e beijou a nora.

— Filha, vinhas tão bem, o que te aconteceu?

— Precisei ir ao enterro do filho da Rute e, como sabe, todas as vezes que isso acontece, sinto-me assim, arrasada.

— Vai faltar ao trabalho hoje?

— Sim, estou com uma enxaqueca... Minha vontade é de morrer!

— Não zangues comigo, Rosita, mas vim te avisar que estou indo hoje para uma cidade onde um médium dá notícias dos que partiram. Tentarei saber do Félix. Não agüento mais te ver destruindo-te e à tua família.

— Que quer dizer com isso? O "seu" filhinho vive a reclamar de mim?

— Vive, e com razão. Esta casa não tem a direção de uma mulher feliz e, sendo assim, vive aos trambolhões. Olha ao teu redor, Rosita, e vê se alguma coisa está no lugar certo. Tu foges da realidade, mas os outros a estão vivendo.

— O que a senhora quer que eu diga? Nada tenho com a sua vida, quem vai ser enganada é a senhora e não eu. Mãe ninguém engana!

— Tens razão, por isso gostaria que tu me acompanhasses. Não custa chegarmos até lá, quem sabe receberemos alguma notícia?

— Não, pelo amor de Deus, isso não!

A avó dos meninos ainda conversou mais um pouco, e se afastou sem conseguir convencer a nora, que se mantinha bem distante da vida do espírito, não desejando aprofundar-se para não se envolver.

— Vó, posso ir contigo? perguntou Dalva.

— Ó, minha filha, ficarei feliz, mas será que tua mãe vai deixar?

— Digo que vou acampar e me mando. Ela nem dá por minha falta. Os seus problemas são bem seus, ela nem está aí para os meus.

Como é triste os filhos não contarem com os pais, principalmente quando só desejam aqueles que julgam mortos.

Meu coração ficou oprimido em presenciar uma cena que se repete em muitos lares, por ignorância da vida espiritual. Já noite, oramos para o equilíbrio daquele lar que, devido às lamentações e brigas constantes, transformara-se em refúgio dos irmãos sem evolução, que ali se sentiam muito bem. O chefe daquela família regressou, mas nem se importou com o que acontecia. Pareceu-nos que tudo lhe era indiferente. Alheio à sujeira e à falta de bons alimentos, tão logo tomou o seu banho e mal se alimentou ia ganhar a rua outra vez, quando a esposa lhe falou:

— Sabe, querido, que a sua mãe vai à procura de mensagens espíritas do Félix? Veja só que loucura!

Ele apenas sorriu, pois quase nada naquele lar lhe interessava. E tivemos dó da irmã que, à procura do filho que partira, sentindo a sua falta, vinha perdendo tudo. No entanto, ele, o Félix, era o único que se encontrava ao seu lado.

Ali ficamos vários dias orando e tentando fazer aquela mulher despertar para a vida. Félix esforçava-se para convencê-la de que se encontrava vivo. Uma pequena mudança foi ocorrendo e todos já a achavam diferente, mais animada.

Para felicidade nossa, eis quem retorna: a sogra, com uma mensagem do nosso Félix. Enquanto ali esperávamos, ele fora levado, por Gumercindo, a um médium para ditá-la. Ainda tenho o sorriso de Rosita bem nítido, diante de meus olhos. No início, relutou em pegar a mensagem, mas logo a curiosidade foi maior e, num impulso, ia devorando-a. As lágrimas caíam. O corpo trêmulo sentia que aquelas palavras eram do filho, quando ele dizia coisas que só ela sabia, que só os dois conheciam.

— Meu Deus, esta carta é do meu filho! Até a assinatura é igual! Quero ir lá também, quem sabe ele fala comigo!

Félix agora ia mandar algumas mensagens. Estava nas mãos dele a conversão da sua família. O primeiro passo fora dado: ela cria na vida além-vida. Agora só dependia do Félix e da honestidade do médium.

— Será que esta família vai mudar? indaguei.

— Assim esperamos — disse Najii. Quantos e quantos são despertados com as mensagens familiares!

E ainda dizem que Espiritismo é coisa do demônio! Que demônio é esse que fala em Deus, que une as famílias, que combate os vícios, que faz de cada ser um trabalhador da Caridade? Todas as mensagens pedem caridade, amor e perdão. Os espíritas são convidados a receber Jesus no Culto Cristão do Lar, portanto, bendita Doutrina que levanta, que cura e que leva muitos a Deus.

Félix de nós se despediu. Ao abraçá-lo, murmurei apenas:

— Confie, amigo. Um dia o seu lar vai ser transformado em um jardim de esperanças.

CAPÍTULO VIII

POR QUE TEMER A MORTE?

De repente, encontramo-nos em um lar onde a tristeza havia penetrado. Tudo demais sombrio. Gumercindo, acercando-se de nós, disse:

— Vimos aqui em emergência. O avô está sofrendo muito, mas mesmo assim reluta em deixar o corpo físico, por temer a morte.

— Então nesta casa não há nenhum conhecido nosso?

— Há, sim; irmãos muito queridos, que neste instante estão necessitados.

— Perdoe-me, é modo de me expressar. Visitamos a casa de Félix de Calixto, por isso pensei que aqui fosse também de alguma família conhecida.

— Fomos aqui trazidos ouvindo os lamentos dos ocupantes deste lar.

Auxiliando os socorristas, Gumercindo foi aplicando passes no enfermo, um senhor de sessenta e cinco anos, com um câncer na língua. O quarto, apesar de limpo, tinha um odor penetrante, bem forte, e lá se encontrava a família, muito cansada de lidar com ele, já esperando o seu desencarne. Mas, apesar do sofrimento, Mário tudo fazia para ficar na Terra um pouco mais.

Observava o movimento dos encarregados do desencarne. Eles oravam e o cercavam de cuidados, aplicando-lhe passes. Alguns familiares, já desencarnados, aguardavam-no para que o irmão não se sentisse sozinho na nova vida. Formamos um círculo de oração. O doente ressonava, parecendo anestesiado, mas, no instante em que o chefe da equipe dele se aproximava para cortar o cordão prateado, ele relutava, rejeitando qualquer contato.

Curioso, acheguei-me a Esdras, da equipe do desencarne, perguntando:

— Até quando vocês ficam nisso? Dificilmente alguém quer morrer. Vocês não podem fazer o desligamento por conta própria? O corpo de Mário já está quase em putrefação, o câncer está bem ramificado, não tem jeito mesmo dele sarar. Acho uma bênção ele desencarnar, não acha também?

— Sim, mas ele mesmo é quem está prolongando o seu sofrimento. Nós vimos cumprir com o nosso dever, mas não podemos forçá-lo a nada.

— E onde ele encontra força para repelir vocês, já que está bastante debilitado?

Esdras mostrou-me a mente do irmão: ela respondia negativamente ao desencarne. Era um foco de luz, energizando o corpo físico. Vamos imaginar um campo de força. Mário lutava para ficar na Terra; mesmo sofrendo, não queria ser transformado em pó, uma vez que não acreditava na vida além-túmulo. Isto o aterrorizava na forma de um fantasma tenebroso, ameaçando-o. Fui-me aproximando lentamente de Mário e peguei sua mão, chamando-o de "vô". Ele sorriu. Já não falava, a língua encontrava-se destruída, mas, mentalmente, interrogou: "é amigo dos meus netos?". Respondi que sim, embora morando na Espiritualidade. Ele não gostou, franziu a testa, pensando: "estou delirando, este jovem se diz morto, mas tem um corpo igual ao meu; como pode ser fantasma?

— Vovô Mário, trouxemos uma visita que muito lhe ama e deseja conversar um pouco.

Quando ele viu de quem se tratava, começou a chorar.

— Não, meu Deus, isso não! A loucura não! Como posso ver minha mãe, se ela já morreu?

A mãe de Mário abraçou-o, dizendo:

— Filho, a vida é eterna, apenas o corpo biológico se desintegra através dos anos de luta. É uma veste frágil, que poucos procuram saber como se movimenta e por que envelhece.

Mário, segurando bem forte a sua mão, conscientizou-se do seu grave estado e da proximidade do desencarne.

Percebendo sua inquietação, ela explicou:

— Sim, meu filho, estão morrendo as tuas células, mas a chama divina jamais morrerá, ela é vida ofertada por Deus. Vem, filho, adormece em meus braços, enquanto os nossos amigos fazem o desligamento perispírito-matéria. Agora verás um novo mundo. Imagina-te renascendo, não num hospital, mas na manjedoura eterna da verdade.

Mário já não ouvia a voz de sua genitora. Na hora do desligamento o espírito adormece. Nesse exato momento é que ocorre a chamada morte, único instante em que a nossa consciência não age. Mas são apenas segundos, logo somos despertados para a vida dos espíritos desencarnados. Pareceu-me que toda energia se concentrava na cabeça de Mário e que esta ia formando um novo corpo, imediatamente amparado pelos amigos espirituais. Aproximei-me de Gumercindo, perguntando-lhe:

— Como este trabalho foi rápido, não?

— Não se esqueça de que Mário já se encontrava clinicamente morto; em todos esses dias de coma, o cordão prateado estava sendo desligado, aos poucos.

— Se o doente relutasse em deixar o corpo, os mensageiros continuariam aqui à espera de sua boa vontade?

— Sim, Deus não permite que forcemos alguém a partir; seria uma violação dos direitos do espírito. Lembre-se de que o Pai nos ofereceu o livre-arbítrio para ser respeitado.

— Gumercindo, eu sofri um acidente e fui tirado do corpo físico violentamente; então eu não lutei prá ficar?

— Essa foi a morte que você escolheu, portanto, no momento do acidente, o seu próprio espírito não ofereceu resistência, por saber que tinha de ser desse modo o seu desencarne.

— Eu sempre dando das minhas, não é mesmo, Gumercindo?

— Não, Luiz, não acho. O irmão feriu alguém violentamente no passado[2] e pediu para cumprir a pena de maneira semelhante, sofrendo o que fez sofrer. "Quem com ferro fere, com ele será ferido".

— Então, se a pessoa não temer a morte, desencarna bem, certo?

— Sem dúvida. Os que dão mais trabalho são aqueles que possuem bens e se agarram a eles, não querendo deixá-los para os herdeiros; como também os que julgam que ao morrer tudo acaba. Esses seguram o corpo como se ele fosse a própria vida.

— Irmão, gostaria de assistir outras vezes a trabalhos como este que me tocou por demais. Considero o desencarne um momento tão sublime quanto o nascimento de frágeis bebês.

— Tens razão, quando o espírito volta ao mundo espiritual, parece-nos uma criança, não sabendo o que fazer. Tudo renasce para embelezar.

Fomos saindo daquele lar, onde as lágrimas e a dor eram a despedida para alguém que havia cumprido o seu tempo no corpo físico.

— Meus Deus, quantas verdades o homem teima em não aceitar! E entre elas a morte. É preciso morrer para se renascer a cada dia.

---

2. Ver o Capítulo: A Revelação, no livro "Novas Mensagens" de Luiz Sérgio.

CAPÍTULO IX

NUM FRÁGIL CORPINHO, O CRESCIMENTO ESPIRITUAL

Como desejássemos fazer um estudo mais apurado, dirigimo-nos a um hospital e lá nos aproximamos de uma criança de cinco anos, sofrendo de leucemia. No quarto, os pais se revesavam, procurando dar à filha toda assistência. A criança me pareceu gordinha, mas observei que aquele corpinho estava inchado.

— Ela vai desencarnar? perguntei a Najii.

Ele apenas colocou um pequeno aparelho na nossa irmãzinha, mostrando-me a medula sendo invadida por células malígnas, deixando de produzir os elementos naturais do sangue, isto é, os glóbulos vermelhos e os brancos. Fiquei muito admirado. Ouvi o gemido da criança e passei a acariciá-la. Ela sorriu para mim e ficamos conversando. O pai, apavorado, chamou a enfermeira, dizendo que a filha estava delirando. Ela piscou o olhinho, dizendo:

— Moço, eu vou virar anjo.

— Não, você não vai virar anjo, porque você já é um anjinho.

Cansadinha, apenas cerrou os olhos e outra vez tive a oportunidade de apreciar o trabalho dos mensageiros do Mestre. Agora, a criança foi anestesiada para não sofrer. Vários médicos espirituais a assistiam.

— Irmão, ela pediu para desencarnar assim? perguntei a Gumercindo.

— Não, não pediu, mas foi o único remédio que Deus encontrou para fazê-la crescer, assim como a seus pais.

— Crescer, irmão?

— Sim, espiritualmente.

Calei-me por compreender que, se fizesse mais perguntas, não obteria respostas. Na hora em que Carla deixou o corpo físico, pareceu-me que ficara muito mais tempo "morta". Vi aquele corpo infantil ganhar luminosidade e ir-se retirando, junto à caravana socorrista, ainda com o perispírito na forma de criança.

— Ela demora a ficar adulta? indaguei.

— O tempo que quiser. Há espíritos que reencarnam e não perdem a forma de criança ao desencarnarem, porque não desejam crescer.

— E aí?

— Luiz Sérgio, quantas pessoas adultas procedem como criança, sem amadurecer! Esses retardatários um dia irão compreender o mal que estão fazendo para si próprios.

— Sabe, amigo, visitando uma colônia de crianças, observei que várias delas não se interessam em adquirir a forma adulta, porque os pais que ficaram na Terra, ainda encarnados, não as deixam crescer. Dificilmente imaginam os filhos como adultos e, estes, acomodados, nada fazem para se tornarem diferentes. Um dia perguntei à irmã Frida e ao Frei Luiz a razão de as crianças não receberem elucidações sobre o valor de enfrentar a realidade. Os amigos queridos, sorrindo, responderam: "mas eles são elucidados e bem sabem que é importante se tornarem adultos, mas não querem."

— São poucos os que assim agem. Eles são os doentes que precisam de nós — completou Gumercindo.

— Deve até ser bom a gente não ficar adulto, não é mesmo?

Ele sacudiu a cabeça.

— Menino Luiz Sérgio, não se esqueça de que Deus nos espera e por que iremos retardar esse encontro? Apenas por covardia, não querendo viver a realidade?

— Brincadeira, irmão, eu até já me considero um velho. Se estivesse no corpo físico, teria hoje trinta e dois anos; veja só, quase trinta e três!

Gumercindo e os outros foram saindo. Fiquei ali no quarto junto à família que chorava, abraçada àquele corpo inerte, já bastante inchado. Afaguei-o, delicadamente, murmurando:

"Corpo de carne, veste que usamos no Planeta Terra, quanta dor você sofre! Quantas vezes você estremece diante de duras realidades! Corpo, precioso envoltório que tão mal conhecemos por ignorarmos o valor do espírito que nele habita temporariamente, um dia também o vesti, mas tive de deixá-lo, não no leito de um hospital, mas como viajante eterno que sou, no asfalto de uma estrada. Vi o meu corpo estirado e dei graças a Deus por me ter ofertado outros corpos e não apenas aquele que ali tombou rasgado pela velocidade da vida.

E ao acariciar o corpo frio da criança, inquiri a mim mesmo:

— Quando a ciência irá descobrir o mundo maravilhoso do espírito, a força que anima cada corpo físico?

Quando isso acontecer, existirá respeito ao Senhor da Vida e até lá, sonhemos, irmãos, com o nosso jardim de esperanças.

CAPÍTULO X

DOENÇAS REDENTORAS

Ali mesmo, no hospital terreno, visitamos a ala destinada às crianças portadoras de câncer e, contemplando aqueles rostinhos sofridos, eu refletia: "como o homem pode desconhecer a reencarnação? Só ela oferece respostas precisas para as disparidades da vida. Que mal pode estar pagando uma criança com meses no corpo físico, a não ser culpas do pretérito?"

Jacinto, o querido auxiliar de Gumercindo, possuidor de muita bondade e equilíbrio, acercou-se de um bebê com câncer uterino; ele se retorcia de dor. O nosso amigo, impondo as mãos em seu ventre, foi dispersando energias negativas e, logo em seguida, energizou todo o baixo ventre, como que o anestesiando. O bebê, que gritava muito, foi calando devagarinho; por fim, apenas soluçava de cansaço, tanto havia chorado de dor. Admirando a serenidade de Jacinto, fui-me aproximando.

— É, Luiz Sérgio, a nossa irmãzinha se aquietou por bondade do Pai — disse ele, sorrindo.

— Jacinto, ela ainda demorará muito neste processo de sofrimento?

— Sim, Luiz Sérgio, é preciso, para que logo possa retornar e cumprir sua missão como mulher, o que não teve coragem de realizar em vida pregressa. Inebriada com a beleza do próprio corpo, não permitia que gerassse em seu ventre um filho, sem saber que cada vez que praticava o crime covarde do aborto seus órgãos genitais iam sendo destruídos.

— E por que não contraiu a doença já adulta? Como bebê ela nada sabe da vida.

— Irmão, a doença não é um castigo, Deus não castiga, nós é que somos os nossos próprios carrascos. Esta irmãzinha lesou seu corpo perispiritual, usando mal o corpo biológico. Se ela hoje padece num corpo de criança, é porque não tem condição de levar este mesmo corpo à idade adulta. Ele está deveras atingido pelos desregramentos pretéritos e por esse motivo, virá muitas vezes, até o dia em que ela própria desejar curar-se, através de uma total renúncia. Até lá, muitas dores terá de suportar; cada gemido num leito opera como precioso remédio chamado resgate.

— Jacinto, então esse perispírito encontra-se tão atingido pelos excessos das vidas passadas, que cada encarnação é uma bênção de perdão para seu atormentado espírito, não é verdade? E ela não pode ser tratada nos hospitais da Espiritualidade?

— Sim, a sua presença, aqui, onde está muito bem amparada, é devida à proteção do Pai. Recebeu, na Espiritualidade, os mais modernos tratamentos. Todavia, quando violentamos o nosso corpo, só nós mesmos podemos recompô-lo e para esse reajustamento é imprescindível reencarnar.

— Então a reencarnação é o perdão para todos os espíritos?

— Sim, ela é a água miraculosa que lava pouco a pouco o nosso corpo, dando-lhe a luz.

O bebê agora ressonava. Fomos saindo devagar, fitando os rostos infantis bastante castigados pela dor que enfrentavam. Em muitos olhares, entretanto, pudemos perceber a esperança de um novo dia que todas aquelas crianças irão alcançar, pois hoje lutam corajosamente para isso!

ooOOoo

Esperamos os outros na porta do hospital. Sentia-me fatigado. Estava saindo de um lugar de muitas dores e ainda tão esquecido pelos que reclamam da vida, julgando-se na solidão e no abandono.

— Irmão, notei que essas crianças são pouco visitadas, por quê?

— Luiz Sérgio, o homem teme defrontar-se com os sofrimentos. No fundo ele sabe que se hoje faz alguém sofrer, amanhã será a vítima dos seus próprios desatinos. Então, ele foge acovardado, por não conhecer o Evangelho do Senhor, que nos recomenda sejamos uma só família de Deus; e somente os maus esquecem de olhar um irmão que sofre.

— É verdade, Jacinto, quem ama Jesus ama a todos os que o cercam.

Nisso, apareceu o restante do grupo. Najii, um tanto apreensivo, sorriu, dizendo-me:

— Preocupei-me contigo, Luiz, sabendo-te tão emotivo. Aí dentro existe a dor e o desespero e ainda é mais triste por se tratar de crianças.

— Tens razão, amigo, não me foi fácil, mas te confesso uma coisa, o que assistimos é menos doloroso do que o que presenciamos a cada dia na Terra: o homem suicidando-se com as drogas; meninas prostituindo-se, isso sim, é constrangedor, porque, se essas crianças estão purificando-se, as outras estão contraindo dívidas imensas no Banco da Providência Divina.

— É verdade, havia-me esquecido de que o teu trabalho com os "Raios de Sol" te coloca face a face com a dura realidade da Terra. Luiz Sérgio, fui chamado a essa tarefa, mas o médium com quem eu iria realizá-la não encontrou coragem e desistiu antes de começar.

— Não me digas, irmão, que irias fazer um trabalho igual ao do Enoque: coordenar uma equipe de socorro aos toxicômanos!

— Nem chegava a isso, era bem mais simples. Íamos prestar ajuda a um pequeno grupo que iniciara socorrendo os desencarnados ainda dependentes e daí encaminhá-los aos hospitais equipados, para os devidos tratamentos. Depois, com as experiências adquiridas, encetaríamos o diálogo com os pais e com os filhos dependentes de drogas, encarnados, num trabalho bastante sério.

— E por que não foste adiante, Najii?

— Luiz Sérgio, a droga causa pavor por contar com uma organização perigosa, por isso muitos recusam o compromisso.

— Então, como ficou esse trabalho?

— Nós desistimos. Afastamo-nos do médium, uma vez que ele se acovardou. Com isso, deixou para trás uma tarefa e nós ficamos contentes com o êxito do trabalho da "Turma do Sol," que dia após dia luta para clarear os lares.

— É verdade, o grupo está enorme, muitos pensam que deixei de prestar ajuda aos dependentes, como se isso fosse possível. Jamais largarei para trás um serviço, seja ele qual for e este me motiva bastante. Somos uma família, amamo-nos e conhecemos muito bem as reais necessidades dos jovens.

— E por que os teus livros são, hoje, quase todos sobre experiências dos espíritos?

— Porque assumi um compromisso com o livro espírita e não posso ficar restrito a um determinado assunto. Continuo, porém, ligado à Colônia dos Miosótis e à falange de Maria de Nazaré.

— Às vezes, Luiz, vejo-te pensativo e me preocupo. Parece-me que te sentes sozinho ao nosso lado. Venho-te observando, és um garotão alegre, lutando para aprender. É difícil, não, amigo?

Sorri para o meu novo companheiro de aprendizado, completando com outra pergunta:

— É difícil me aturares como sou: curioso, conversador, apressado e manhoso?

Saímos abraçados. Éramos dois espíritos tentando viver no mundo que encontramos, um mundo onde somos observados por todos os ângulos, impossibilitados de enganar.

— Amigo, foi muito bom batermos este papo, tu me lembras alguém que amo muito e que sempre me dá a maior força quando estou triste e me sentindo sozinho.

No pátio do hospital, o sol tímido preparava-se para se recolher e a noite, acalentada pela brisa da tarde, já se avizinhava. Os pássaros cantavam, contentes, por mais um dia na Terra. Olhamos os homens: uns voltavam para seus lares, refúgio amigo, onde encontrariam paz e descanso; outros nem lar possuíam. Muitas crianças se ajeitavam nas marquises e nos esgotos. Todos vivendo, uns bem, outros mal, mas todos na grande roda da vida. Infelizmente, poucos conhecem o seu valor e jogam fora a graça da reencarnação.

CAPÍTULO XI

NINGUÉM DEVE SER FORÇADO A CRER

— Irmão Jacinto, por onde anda o Gumercindo? perguntei.

— Está dando assistência a uma irmãzinha que padece de distúrbios mentais. Juntar-nos-emos a ele agora.

Refleti, meio assustado: "prestar socorro a louco não deve ser fácil!"

Captando meu pensamento, apenas sorriu, sendo o bastante para me sentir envergonhado.

— Desculpe, amigo, às vezes sou muito desajeitado.

Sem muita demora, chegamos a um lar bastante confortável, onde vivia uma jovem senhora confinada em seu quarto. Conversava sozinha naquele mundo só dela, onde a ninguém dava o direito de entrar. Aplicados os passes pelos irmãos espirituais, ela foi ficando sonolenta, recostou-se na cama e tirou um cochilo. Como é natural nesses casos, procurei pelos espíritos obsessores, sem encontrá-los; os que se aproximavam dela eram aqueles que sempre se encontram ao lado dos encarnados — os espíritos familiares. Não resisti e aproximei-me de Gumercindo:

— Este não é um caso de obsessão?

— Não, Luiz Sérgio, esta irmãzinha tem uma lesão cerebral, que pouco a pouco está adormecendo o seu cérebro e este sente dificuldade em trabalhar em ritmo normal, principalmente porque os medicamentos, em vez de reativá-lo, estão cooperando com a doença, entorpecendo-o.

— E a cura, como poderá efetuar-se?

— Ela necessita de um tratamento espiritual; melhor seria se os médicos encarnados tivessem conhecimento das curas espirituais e entrelaçassem as mãos em benefício do paciente.

Observei os médicos chamados por Gumercindo. Colocaram minúsculos aparelhos na parte lesada do cérebro de Dorita, cuidadosamente. Todo esse processo era realizado no perispírito.

— Irmão, ela sofre deste mal porque não soube fazer bom uso do livre arbítrio, estou certo? Noto que o seu perispírito está muito doente, como se ela o tivesse transformado nisso que vemos.

— Tens razão, Luiz Sérgio, a irmã lesou o seu cérebro inalando cocaína; voltou nesta encarnação com as células destruídas e gradativamente, se Deus permitir, iremos, com a sua própria ajuda, recompor as partes afetadas.

Nisso, o marido entrou no quarto, falando alto, não muito satisfeito com o estado da esposa.

— Quero que você procure se reanimar. Hoje vamos receber alguns convidados. Espero que tenha condição de se portar dignamente!

A moça começou a chorar.

— Não, pelo amor de Deus, não! Como posso receber amigos, se às vezes perco todo o raciocínio? Não posso, Davi, ter uma vida normal!

— Então vou interná-la em um manicômio. Lugar de louco é no sanatório!

— Não, não, não! — gritava a irmã com as mãos na cabeça.

Sem se conter, Davi aplicou-lhe uma bofetada, que em vez de acalmá-la, mais a fez gritar histericamente. O médico espiritual, Albuquerque, que prestava assistência a Dorita, de imediato ministrou-lhe um medicamento para que se aquietasse. O marido, fitando-a com ódio, bradou:

— É muito fácil para você fugir da realidade, enquanto a minha é dura e cruel!

Saiu, batendo a porta, entrando em seguida uma senhora de meia idade, mas muito conservada, que se abraçou com a doente, dizendo-lhe:

— Minha filhinha, o que está acontecendo? Será que não é a falta de um filho que te coloca neste estado de apatia pela vida?

A nossa Dorita não ouvia sua mãe, os amigos espirituais haviam-na adormecido. Parecia uma criança precisando de auxílio. A senhora ali ficou olhando a filha, intoxicada de barbitúricos receitados para acalmá-la. Examinei ao redor: era um quarto luxuoso. Tudo da melhor qualidade havia, somente a paz ali não encontrava guarida. Fui-me retirando devagar, acompanhando a mãe de Dorita e, quando procurou o genro, sustentei-a na coragem de dizer:

— Davi, permite que eu leve minha filha daqui e podes pedir a separação. Reconheço que não é fácil suportar uma esposa doente. Ela piora a cada dia e hoje, vendo-a adormecida com a face vermelha, ainda com a marca da tua mão, compreendi que é melhor para todos darmos um fim a isto.

Davi, envergonhado, tentou justificar-se:

— Não era a minha intenção, mas ela só se acalmou quando eu a esbofeteei.

— Até quando, meu filho, usarás este método cruel? Ela está doente e ninguém se cura apanhando.

— Dona Frida, vários amigos meus desejam me fazer uma homenagem hoje à noite e como posso esconder o estado de Dorita? Ela bem que poderia fazer uma forcinha, mas não; só deseja ficar no quarto, fumando e dizendo bobagens. Os médicos já diagnosticaram que ela é portadora de uma lesão cerebral e muitos me aconselham a procurar o Espiritismo.

Dizem que pode ser coisa feita para nos separar.

— Filho, não creio nisso, bem sabes, mas temos um amigo, o Sr. Herculano, que professa a Doutrina Espírita e respeito muito sua opinião. Se me permitires, irei procurá-lo para que nos elucide. Que achas?

— Na hora que desejar pode trazê-lo até aqui. Mas então, o que digo aos meus colegas?

— Fala a verdade, dizendo que Dorita está muito doente. Se achares conveniente, sai com eles e comemorem em outro lugar. Eu ficarei com ela, podes ir sossegado e depois, nesta casa, o que não falta são empregados.

Davi não era um homem mau, apenas se desesperava com a dura realidade que estava vivendo.

— Irmão, como é difícil para alguém que nada conhece da vida espiritual, conviver na Terra!

Todos me olharam, mas continuei:

— Creio eu que para enfrentar o dia-a-dia no mundo físico precisamos estar preparados; aumentam cada vez mais as responsabilidades dos encarnados, que necessitam de uma corda onde possam se agarrar. Enquanto estiverem querendo resolver tudo com moedas, vão ficando cada vez mais distantes das verdades.

Gumercindo pediu então a Najii e a Félix, que de novo se juntara ao grupo, para auxiliarem D. Frida a trazer o Dr. Herculano. Observei os meus amigos se retirando e confesso que gostaria de acompanhá-los. O bom Jacinto logo me chamou:

— Venha, Luiz Sérgio, vamos ajudar Dorita. Ela está despertando.

Quando chegamos ao quarto, a irmã se preparava para se levantar. Nem parecia a mesma pessoa doente, que minutos atrás se entregava à alienação. Jacinto, pressentindo minha curiosidade, disse:

— É isso, amigo, os médicos espirituais operam milagres.

— Como pode? Vimos na radiografia o cérebro da irmã bloqueado!

— De fato. Graças ao aparelho colocado, está quase normal novamente.

Observei mais uma vez Dorita que, saltitante, procurava se embelezar, pois era aniversário do querido esposo.

— Então ela está curada, Jacinto?

— Não, não está; precisa ainda, e muito, de cuidados.

Quando Dorita chegou à sala, com um belo traje, encontrou a mãe, que admirada, perguntou:

— Filha, como passas, estás melhor?

— Sim, mãe, muito, muito. Onde se encontra Davi? Precisamos tratar da festa do seu aniversário.

— Dorita, vamos evitar excessos, não te sentes bem, por que abusar tanto?

— Mamãe, me sinto ótima, embora às vezes me fuja a memória, deixando-me perdida, mas os médicos dizem que é cansaço.

— Filha, chamei um grande amigo de seu pai, o Dr. Herculano. Só ficarei mais tranqüila depois de ouvi-lo. Queres ser examinada por ele?

— Sim, mãezinha, que dia será?

— Daqui a pouco o nosso amigo deve estar chegando.

— Por que hoje, mãezinha? Preparava-me para ir ao cabeleireiro; preciso estar bem bonita hoje.

— Dorita, o melhor presente para o teu marido é a tua cura. Esquece o cabeleireiro e a vaidade, precisas te tratar, não andas bem e sabes disso. Filhinha, chega de fingir-se de forte, eu te conheço e sei o quanto estás sofrendo. Sabes que não estás com boa saúde.

Dorita havia-se sentado. Divagava o olhar pelo teto e pelas paredes, enquanto ouvia aquelas sensatas palavras da mãe.

— Imagino, mamãe, que tenho câncer no cérebro e

me restam poucos meses de vida. Preciso aproveitar muito esse tempo.

Foram interrompidas pela campainha. Chega o Dr. Herculano, acompanhado dos nossos amigos Najii e Félix. Era um velhinho muito simpático e só a pessoa dele já transmitia tranqüilidade.

— Meu Deus, como está crescida e bela, Dorita! Recorda-se do titio?

Dorita, abraçando-se a ele, respondeu:

— Como iria esquecê-lo? Sempre me tratou tão bem!

— Garota, eu a tratava como merecem todas as crianças, com muito amor.

— É, doutor, entretanto as crianças crescem e ninguém mais as trata assim. É muito triste ficar adulto.

— Não, Dorita, não deve existir tristeza dentro de nós. Recordar o passado é belo, mas chorar o que passou é não saber viver o presente.

Conversaram bastante, sem abordarem assunto de doenças ou de espíritos. Enquanto Dorita afastou-se para telefonar ao marido, D. Frida falou sobre o caso da filha. Herculano a tudo ouvia e, a certa altura, indagou:

— Ela deseja ser curada pelos amigos espirituais?

— Minha filha não tem vontade, está doente.

— Engana-se, irmã, só podemos cuidar de alguém se assim o desejar. Não adianta iniciarmos um tratamento espiritual com quem o rejeita. Muitos reclamam que não são curados, mas não levam a sério os encarregados da cura, procurando todos os que se dizem aptos. Esses jamais se beneficiarão, pois estão à espera de milagres que não existem. Vivem dando trabalho aos amigos espirituais. Eles nos oferecem fluidos magnéticos que, assimilados com os nossos, operam maravilhas, mas jamais milagres.

Dorita, que havia voltado, escutara as últimas palavras.

— Fale-me desse tratamento que vocês fazem.

— Irmã não vim aqui forçá-la nem prometer nada; vim como amigo estender as minhas mãos.

— Faça alguma coisa por mim, doutor Herculano, estou ficando louca, desorientada. Preciso crer em Deus, na Sua bondade e no Seu amor.

— Creia que Ele, através de Seus emissários, tudo fará para vê-la feliz e em paz.

— Que devo fazer?

— Às segundas, quartas e sextas, temos reuniões de passes; a irmã, se desejar, poderá ir até lá reequilibrar o seu sistema nervoso.

— Deixarei de tomar os remédios do médico?

— Não, irmã, os médicos encarnados estão na Terra em missão e o tratamento espiritual necessita desses abnegados obreiros de Deus.

— Quando posso iniciar?

— Agora mesmo. Você vai receber um passe.

D. Frida abriu o Evangelho, orou, enquanto o nosso Herculano foi aplicando o passe e, pela vidência, pôde diagnosticar a causa da doença de Dorita. Quando terminou, apenas disse:

— Espero por você na segunda-feira. Leve uma garrafinha com água.

— Doutor, o que tenho são espíritos que me atormentam?

— Não, Dorita, não são e nem podemos culpar os espíritos por tudo o que nos acontece. Se comparecer ao Centro, entrará em um sério tratamento. Oremos a Deus com fé, para consultarmos a nossa consciência e sentirmos se realmente desejamos entregar-nos ao trabalho dos mensageiros do Mestre. Como conhecedores da lei de Deus, a ninguém podemos forçar a crer. O doente, somente ele, é que irá ingerir o remédio e jamais poderá ser forçado a isso, jamais. Esperarei vocês duas na segunda-feira e peçamos a

Deus tenhamos condição de merecer a cura. Até logo mais, preciso retirar-me.

Dorita, sentada na cadeira, não quis se levantar. Era tão bom o que estava sentindo, que apenas olhou com carinho o velho amigo de seu pai, o humilde dr. Herculano. Frida levou-o até a porta e quando voltou encontrou a filha pensativa.

— Estás sentindo algo?

— Sim, mãe, estou: uma vontade muito grande de sarar e como tenho confiança no nosso velhinho Herculano! Ele transmite tanta paz, não é verdade?

— Sim, filha, é um bom homem e grande amigo.

Quanto a nós, nada mais tínhamos a fazer naquele lar. À noite, eles se afundariam nas comemorações, bebidas, piadas e cigarros. Dirigimo-nos à Casa do Senhor, onde Herculano trabalhava. Lá, aguardaríamos Dorita para os médicos espirituais continuarem o trabalho iniciado. Ainda olhei para trás, ao deixar o belo casarão. Quem por ali passasse estaria por certo imaginando que os seus ocupantes fossem cercados de felicidade, sem suspeitar que aquelas paredes frias refletiam a falta de equilíbrio de um verdadeiro lar. Quantos lares, nesse momento, gemem de dor e desespero!?

Gumercindo enlaçou os meus ombros, completando essas reflexões:

— Muitos mesmo, Luiz Sérgio, porque poucos cultivam as palavras do Senhor.

CAPÍTULO XII

DORITA INICIA O TRATAMENTO ESPIRITUAL

Um Centro Espírita é um hospital de Deus, onde os atendentes e os enfermeiros precisam exercitar a caridade para, pouco a pouco, irem adquirindo humildade. Os bons tarefeiros são aqueles que sempre oferecem paz, amor e confiança ao próximo. Bendito seja o médium amigo, que sempre tem algo de bom a ofertar a quem dele se acerca.

Ficamos à espera de Dorita e sua mãe. Quando chegaram, a tudo observavam, preocupadas com o que iria acontecer, esperando o início do tratamento. Dorita foi colocada em um leito da sala de cura e um grupo de passistas iniciou o trabalho de limpeza dispersando fluidos magnéticos. Dorita sentiu um ligeiro torpor. O dr. Herculano, dela se acercando, magnetizou-a devagar, visando principalmente a parte cerebral afetada, de onde saiu uma fumaça escura, ao contato com os fluidos do magnetizador. Ele, com muita prática, ia massageando o local a ser tratado e os fluidos magnéticos operavam como se fossem raios de luz, dispersando a matéria doente. Enquanto o magnetizador trabalhava, os médiuns oravam em silêncio, com as mãos para cima, captando energia, mas só doavam no momento em que Herculano pedia que o fizessem. Dorita nos pareceu anestesiada, imóvel, com olhos arregalados. Quando Herculano terminou a magnetização, notamos a chegada de um aparelho semelhante ao de gabinetes dentários que, vibrando muito, lentamente ia fazendo penetrar naquele cérebro uma substância violeta, que atuava como fluido cicatrizante. Dorita adormeceu observada por dois médiuns.

Enquanto a Espiritualidade a operava, Herculano permaneceu imóvel, mas pudemos notar que trabalhava fora do seu corpo biológico, para melhor captar as imagens do tratamento realizado pelos médicos espirituais.

Fui ficando tonto. Félix me socorreu, aplicando-me passes e rapidamente me recompus. "Por que me senti tão mal?" — depois indagaria.

Ao término da operação, o aparelho foi retirado, afastando-se também os médicos espirituais. O nosso Herculano, porém, continuou a orar junto à sua equipe de trabalho, composta de médiuns simples, vestidos humildemente, cientes de que em um hospital o homem vale pelo seu interior.

Dorita, despertando, sorriu para d. Frida e segurando a mão de Herculano, apenas disse:

— Estou me sentindo tão bem!

— Graças a Deus, irmã, espero que voltes na próxima semana.

Elas saíram, mas nós ficamos ali, orando junto aos médiuns e ao Herculano, que recebeu um passe da Espiritualidade, imantando-o de fluidos magnéticos, por conhecer o seu valor, pois colaborara num sério trabalho. Quando dali nos afastamos, perguntei a Gumercindo sobre a minha tontura.

— Luiz Sérgio, observando atentamente e com muita concentração, você foi captando alguns fluidos magnéticos que se dirigiam à Dorita.

— Então, eu quase estraguei o trabalho?

— Não, amigo, lembre-se de que aqui você está em serviço e em estudo. A tudo deve observar para posterior transmissão aos encarnados.

— Ainda bem, ficaria triste em causar qualquer contratempo a vocês. Dorita já está curada?

— Não, Luiz Sérgio, vai levar muito tempo. É quase impossível um tratamento ser feito às pressas. Os médicos espirituais são muito cautelosos nesse sentido e demoram a dar alta a um paciente. Você sabe que aqui não precisamos nos preocupar com problema de vaga, o que ocorre em hospitais comuns. Para um grupo de cura dar alta a um doente, ele precisa de uma ordem do chefe da equipe médica. Se algum médium vaidoso, querendo ser dono da situação, agir por conta própria, sofrerá as conseqüências dessa intromissão inoportuna, pois interromperá um trabalho que não lhe pertence.

— Dorita apresenta sintomas mentais que muitos podem confundir com obsessão?

— Infelizmente, sim, e se o trabalhador espírita não for criterioso, poderá cair nesse grande erro. Nem tudo podemos pensar que seja causado pelos espíritos inferiores. O caso dessa irmã é uma doença hereditária. Os espíritos podem aproximar-se quando ela entra em crise depressiva, mas isto não quer dizer que eles a levem a essas mesmas crises. Por isso todos precisam estudar; o Espiritismo não veio para suplantar nada, mas, sim, dar cumprimento às palavras de Jesus. Os que não o estudam, desejando apenas agir por si mesmos, dizendo-se guiados pelos espíritos, estão fazendo de um trabalho digno um palco onde querem ser projetados. Não devemos misturar as coisas; nem tudo se cura no Espiritismo. Os médicos terrenos são emissários divinos, com a sublime tarefa de aliviar dores. Só quando foge de suas possibilidades curar alguém, é que devemos prestar-lhes ajuda. Se alguém está com gripe, não devemos dizer que a causa é espiritual. Uma dor de barriga ou otite aguda é, em geral, uma causa física e podemos aliviar através do magnetismo, mas daí a dizer que é uma doença espiritual, estamos longe de saber diferençá-las.

Continuou:

— Luiz Sérgio,as pessoas, ao se aproximarem da Doutrina, precisam tomar muito cuidado e através do estudo podemos adquirir confiança. Existem mães que, por qualquer motivo, levam as crianças ao Centro para receberem passes; se são travessas, estão com gripe, dor de garganta ou com febre, se caem ou se machucam, culpam os espíritos. Isto ocorre comumente e é necessário elucidar essas mães a não levarem a bela e confortadora Doutrina Espírita a este processo de descrédito. Muitos confrades reclamam que a família se distancia do Espiritismo, chamando-os de fanáticos e daqui perguntamos: será que não estamos procedendo como um deles? Devemos ser criteriosos. Nada é mais desagradável do que ficarmos tentando converter alguém. Quando desejarmos mostrar as belezas espirituais, não usemos as palavras, somente o que Jesus nos ensinou no Gólgota — o amor.

— Gumercindo, você tem razão, tem nêgo aí vendo espírito até caindo do teto em cima dos familiares.

Todos riram, deixando-me sem jeito, mas o meu amigo Najii enlaçou-me o ombro, completando:

— Não só caindo do teto, como também grudado nas paredes.

— Najii, com tantos livros bons, por que eles ainda estão nessa?

— Olha, Luiz, o que derruba qualquer homem é o peso do orgulho. Pensei que Dorita não viesse ao Centro, mas agora vou-lhe dizer: que irmão bacana é o Herculano, quanto equilíbrio! Ele inspira confiança, pois você mesmo observou que a família de dona Frida sempre o tratou com respeito, mesmo sabendo-o espírita. Aí está o valor do homem. Se ele ficasse insistindo para que essa família se tornasse espírita, não seria considerado como hoje o é.

— Acho que ela vai-se curar, não é verdade?

— Sim, acreditamos que daqui a uns três meses a nossa irmã já não venha a sofrer desse terrível mal que tanto a faz padecer.

oooOOooo

Gumercindo nos chamou a atenção para um outro setor da Casa e para lá nos dirigimos — treze médiuns em volta da mesa, em total silêncio, formavam uma corrente de energia que imantava todo o Centro. Ficamos ali, todos irmanados, sem precisar o tempo. Silenciosa e anonimamente, aqueles médiuns ofertavam à Casa um banho de amor.

— Todos os Centros possuem grupos iguais a este?

— Para tristeza nossa, não. São poucos aqueles que gostam de servir sem aparecer e aqui todos são iguais: com a mesma vontade de servir.

Por trás de cada médium, uma fila de irmãos espirituais formava-se, concentrando os fluidos magnéticos, como se ali houvesse um reservatório onde seria guardado o ectoplasma para todo o trabalho daquela semana no Centro. Aqueles treze médiuns eram pequenos transformadores com muita carga energética e o Pai, através deles, se fazia presente para alívio de muitos.

E não pude deixar de orar:

“Senhor, eu nada sou diante de tanta grandeza, mas feliz me encontro em saber que sou Seu filho e posso chegar um dia aos Seus braços, através dos ínfimos trabalhos.”

CAPÍTULO XIII

IMPRUDÊNCIA

Frida e Dorita voltaram para casa; eu e Félix ficamos encarregados de velar pela doente e fomos com elas. Confesso que achei simples o encargo de ajudar os ocupantes daquele lar.

— Poucos dias ficaremos aqui, não é mesmo, Félix?

— Sim, Luiz Sérgio, até o próximo tratamento de Dorita. Depois, os nossos irmãos estarão ocupados com novos trabalhos que teremos daqui para frente, estudando a melhor maneira de agir ao sermos chamados.

Mal Félix acabara de falar, vimos Dorita sendo induzida por um espírito a tomar um trago, enquanto ela mesma fazia esta reflexão:

— "Meu Deus, eu quase não bebo, nunca liguei para bebida e agora estou sentindo tanta vontade de beber, só porque no Centro me proibiram."

Compreendi por que ali me encontrava e procurei ajudá-la. Félix ficou orando enquanto eu falava suavemente, mas não consegui que ela me escutasse; já segurava uma garrafa na mão, quando, num impulso, recordei de umas lições sobre o magnetismo e, com serenidade, cerrei os olhos e tentei magnetizá-la. Concentrei-me tanto que o Félix teve que me chamar à realidade. Só então reparei que Dorita abandonara a garrafa e, sentada, dormia a sono solto.

— Luiz Sérgio, meus parabéns, foste bem sucedido. Olha a paz no semblante da nossa irmã!

— Félix, será que ela terá dificuldade em acordar?

— Não, mas somente tu poderás fazê-lo.

— Eu? Não brinca!

— Sim, meu irmão, tu magnetizaste Dorita, livrando-a de outra mente que desejava aproveitar-se de sua doença e ingerir álcool através do seu corpo físico.

— Agora sim, me grilei! Não é obsessão, é doença mesmo e por que esse obsessor querendo beber?

— Irmão, ninguém está sozinho, você mesmo já falou sobre o assunto num livro e, a qualquer descuido, temos companheiros indesejáveis.

Senti vontade de acariciar Dorita, que dormia como um anjo, mas era preciso acordá-la e me preparei para isso. Fui soprando lentamente a testa de Dorita que não desejava despertar, mas, a pouco e pouco, foi voltando a si. Ao abrir os olhos, ainda sonolenta, sorriu como se me visse ali, dando uma de magnetizador. Mas depois gritou e Frida, julgando estar a filha passando mal, chamou-a com outro grito.

— Mamãe, acalme-se, só estou caindo de sono, pois há várias noites não durmo direito.

— Minha filha, que susto me pregaste! Será que não é por falta de comer carne que estás tão fraca, dormindo assim fora de hora?

— Estou feliz, o passe me fez muito bem, mamãe!

Tudo por ali estava muito sereno, até o momento em que o marido chegou, chamando-a para novas obrigações sociais. Dorita quis relutar, mas como esposa tinha deveres a cumprir. Félix me perguntou:

— E agora, Luiz, teremos de ir com eles.

— Também acho. A irmã está sob nossos cuidados e não podemos fracassar.

— Não seria melhor consultarmos Gumercindo?

— Félix, por experiência em outros trabalhos, nós é que temos de tomar as resoluções.

Estávamos os dois pensativos e, por que não dizer, preocupados, quando vimos o nosso amigo Najii juntar-se a nós.

— Ainda bem que chegaste! Precisamos acompanhar Dorita e não sabemos se devemos segui-la.

— Claro, amigos, é nossa obrigação guardá-la até que receba alta do grupo de cura.

— Isso demora muito, Najii?

— Dependerá dela, somente.

Nada mais falei. Contentei-me em acompanhar o casal junto com os dois amigos Félix e Najii.

A festa era de pessoas de posse e quase só havia casais. Tudo fazíamos para que Dorita não ingerisse álcool. Ela até que estava procedendo direitinho, mas, lá pelas tantas, um engraçadinho iniciou a distribuição de lança-perfume, para animar a turma. Tive vontade de sentar no chão e chorar, tal o desânimo que de mim se apoderou. Félix mostrava-se também bastante nervoso. Só Najii estava sereno, como que distante em sua concentração. Confesso que desejei possuir um espírito treinado para enfrentar tudo calmamente, porém me sentia quase perdido, principalmente quando a nossa amiga molhou o lenço e aspirou. As lágrimas brotaram não só em meus olhos, mas também nos dos meus amigos. Havíamos fracassado. Não tivemos forças suficientes para impedir o gesto de Dorita.

Instantes depois, ainda com o lenço no nariz, ela perdeu o equilíbrio e caiu, desmaiada, dando um tremendo susto em todos. Levaram-na imediatamente para o banheiro, molharam seu rosto, tentando fazê-la recobrar os sentidos.

Nós, nessa altura, parecíamos os três patetas, sem saber o que fazer. A vibração da casa nos asfixiava, a música estridente era um reservatório de fluidos pesados. Lembramos, então, de orar com todo ardor, pedindo ajuda. Fomos socorridos pelos irmãos treinados para esse serviço, os lanceiros de Maria de Nazaré. Aconselhados por eles, esperamos no jardim pelo casal, que não demorou a sair; Dorita vomitara muito e sentia a cabeça rodando.

— É pouco, para ela aprender! Quem manda se envolver com lança!

Najii olhou-me assustado.

— Que é isso, irmão?

— É isso mesmo! Esses encarnados querem sarar no Espiritismo, mas não desejam renunciar a nada! Só pedem e pedem!

— Coitados, Luiz Sérgio, eles nem sabem o que fazem. Geralmente são levados por terceiros e também não se elucidam.

— É mesmo, quem sou eu para criticar alguém, mas é triste a gente presenciar o trabalho da Espiritualidade ruir por imprudências cometidas pelos pacientes.

De volta ao lar, de tudo fazíamos para reequilibrá-lo. O marido de Dorita culpava-a, por ter estragado sua festa.

— De outra vez não te levo, não tens condição de aproveitar a vida!

— Querido, estou doente. Se o lança é forte para os sãos, imagine prá mim!

— Então, por que cheiraste, já que és fraca?

Dorita calou-se.

Percebemos, de pronto, que ela não se encontrava bem. Chamamos um dos médicos da equipe que a tratara e fomos atendidos. Ele a examinou cuidadosamente e constatou que todo o trabalho fora desfeito. O cérebro parecia novamente anestesiado.

— Irmão, fracassamos? indaguei, desolado.

— Nem pense nisso, Luiz, vocês não podem fazer milagres, são apenas amigos tentando ajudar e jamais podemos interferir na vontade de outrem.

Ficamos mais aliviados.

— Se vocês não estivessem lá, ela teria desencarnado.

— É mesmo?

— Sim, amigo, vocês ficaram encarregados porque sabíamos do perigo de Dorita se envolver com as ditas obrigações sociais.

— Complicado, hem, irmão?

— O uso que cada um faz do seu caminho é o que o torna complicado ou não.

— Ela corre perigo? perguntou Félix.

— Agora não, somente passará o dia com mal-estar estomacal.

— Ainda bem. Daqui a dois dias ela voltará ao Centro, isto é, se voltar.

— Irmãos, vocês estão aqui para ajudá-la, não se esqueçam disso.

Olhei para cima, dizendo: "paciência e fé, Luiz Sérgio!".

Um novo dia surgiu, encontrando dona Frida muito preocupada com o estado da filha. Esta apenas dizia que se sentiu mal na festa, ao que a mãe concluiu:

— Deve ser o trabalho do Centro. Será que vale a pena a gente voltar lá?

— Não sei, não, não sei, não, mãe.

Entreolhamo-nos, apreensivos com as últimas palavras das duas, mas depois começamos a rir do nosso receio. Abraçados, ganhamos a rua. Era preciso haurir forças para voltar àquele lar, onde uma mulher brincava mais uma vez com a encarnação. Dorita estava jogando fora a oportunidade de curar o seu perispírito, pois relutava em fazer qualquer concessão diante da própria vida que levava de conforto, projeção social e o medo de perder o marido rico, belo e famoso.

Nós três, admirando a natureza, sentimo-nos livres como

os pássaros e corremos pelos jardins da vida. Éramos irmãos em Cristo que se reencontravam para crescer. Félix, Najii e eu tentamos nos descontrair, brincando e rindo muito. Já cansados, voltamos à casa, onde o serviço do Cristo crescia, à medida que, conscientizados, nos esforçávamos para bem servir. Sempre acompanhado dos amigos, retornei para junto de Dorita, que tanto precisava do nosso amor.

CAPÍTULO XIV

NOVA OPORTUNIDADE

Naquele lar, tudo parecia normal. A família, vivendo com todo conforto, tudo possuía para ser feliz, no entanto as depressões e o mal-estar de Dorita causavam-lhe sérias preocupações.

— Hoje cedo o nosso velho amigo nos telefonou, lembrando o Centro. Disse-lhe que iremos. O que achas? indagou dona Frida.

— Mamãe, devemo-nos envolver com isso?

— Às vezes também me preocupo, mas o teu estado inspira cuidados e, como os médiuns dizem que é grave, não custa tentarmos a cura com os espíritos.

Ouvindo as irmãs, fomo-nos aproximando e as intuindo para o trabalho de cura. Dorita, já bem animada, esperava a hora de ir para o Centro, quando uma velha amiga chegou para visitá-la e as duas, muito contentes, recordaram o passado. Eu e os meus amigos tudo fazíamos para que Dorita não desistisse do tratamento. A visitante, intuída por Félix, bem serviu para nos ajudar. A conversa chegou ao Espiritismo, do qual a irmã era admiradora, tendo logo se prontificado a acompanhá-la. Daí em diante tudo foi fácil. Dorita, bem orientada pela amiga Carminha e por Félix, aguardou, ansiosamente, a hora de sair.

— Félix, a Carminha vai poder acompanhá-las à sala?

Em um grupo de cura não é vetada a entrada de pessoas alheias a ele?

— Neste caso, como podemos vetar a entrada do elemento que nos está ajudando?

— Aqui está bem, mas no momento em que chegarmos ao Centro como será tratado este assunto?

— Se o dirigente encarnado for um bom médium, permitirá a entrada de Carminha, se ela estiver preparada; caso contrário, ficará isolada. Se o dirigente for severo, sem atitudes evangélicas, perderemos o nosso trabalho e causaremos uma impressão desagradável às irmãs, que tão pouco conhecem do Espiritismo. Os espíritas devem ser exemplos vivos da Doutrina e não lhes são permitidas posições radicais. Um sorriso, um abraço, palavras amigas, ainda são expressões de Deus, sendo a Caridade o maior estandarte de Cristo.

— Sabe que vocês me surpreenderam? Tudo aqui é na base da compreensão e do amor, mas é tão difícil fazer alguém entender esse caminho, onde somos os derradeiros... Conscientes de que o Mestre está junto a nós, mesmo ocupando os últimos lugares, não nos encontramos parados, sendo todos respeitados como seres em evolução. Na Espiritualidade não nos pedem atestado de pureza, oferecem-nos o livro da vida, que é o Evangelho, para que todos sejamos irmãos.

Assim, chegamos ao Centro. Ao ver Dorita, Herculano sorriu feliz, ciente de toda a nossa dificuldade.

— Quase não vim. Passei tão mal após os tratamentos!

— Verdade, filha? É assim mesmo. Muitas vezes os nossos amigos do passado plasmam no nosso querer momentos já vividos e, não preparados, vemo-nos a praticar atos muito tristes, não é verdade, Dorita?

Ela empalideceu. Baixando os olhos, sem responder,

pensou: "meu Deus, ele sabe que aspirei lança! Que velhinho danado!"

Comentei com Najii e Félix:

— Que cara bom, hem? Essa ele tirou de letra... Agora Dorita pára de fazer bobagem, ou se enquadra!

— O quê, Luiz Sérgio?

— Nada, só pensei alto.

— Pois pensou alto demais para os nossos ouvidos, não é amigos? disse Gumercindo, chegando até nós.

— Desculpe-me, às vezes até esqueço que vivo junto de vocês.

Eles riram e entramos em uma cabine, para sermos energizados. O dia-a-dia no lar de Dorita nos colocava bem distantes das boas vibrações. Ao adentrarmos na sala do grupo de cura, vimos que os hinos cantados formavam ondulações de vários matizes. As águas iam sendo magnetizados por entidades preparadas para esse trabalho. Dorita foi acomodada em uma das camas do recinto e logo adormeceu. Herculano, já incorporado, foi-lhe aplicando passes magnéticos no cérebro, que nos parecia uma flor, abrindo e fechando. Dele saía uma espécie de limo cinza-escuro, rapidamente dispersado por outros trabalhadores. Ali éramos apenas irmãos, orando para que tudo corresse normalmente. Observava tudo com atenção e notei que o médium Herculano deu passividade a outro médico que, colocando os fluidos magnéticos colhidos dos médiuns do grupo na parte operada, esta foi retraindo-se, gradativamente, até voltar ao tamanho normal. Com a massa encefálica mais compacta, pudemos ver que todo o funcionamento do cérebro também se regularizara. Dorita foi despertando, paulatinamente. Ao abrir os olhos, apenas murmurou:

— Sinto-me tão mal, doutor!

— Ela falou "doutor", Félix? sussurrei.

— Sim, e ela se encontra anestesiada e não viu Herculano mas o cirurgião que dela tratou.

— Irmã, foste operada. Esperamos que te conscientizes disso, evitando o fumo, bebidas alcoólicas, drogas, ou outros excessos. De outro modo, não nos responsabilizaremos. Esta semana a irmã quase desencarnou ao aspirar o lança, que bloqueou o teu cérebro. Não aconteceu o pior por bondade do Pai. É preciso ficar três dias em repouso, se desejares a cura. Boa noite — disse-lhe o médico espiritual.

Ela pouco compreendeu. Terminada a sessão, procurou Herculano e este a colocou a par de todas as recomendações, uma delas, a de freqüentar ainda por dois meses as sessões de cura, para o término do trabalho. Apesar de ter achado muito, sentia-se agora tão bem, que prometeu voltar. Saímos dali e esperamos os amigos na porta do Centro.

— Gumercindo, precisamos então ficar na casa de Dorita por mais dois meses?

— Não, daqui para frente ela vai usar o livre arbítrio. Temos muito serviço a realizar e o encarnado deve aprender a agir corretamente.

Ainda olhei para trás. Dorita, uma bela mulher, entrava em seu luxuoso carro, bem longe de imaginar a grande bênção que havia recebido.

— Queira Deus ela não abandone o tratamento e se conscientize do valor da cura espiritual.

— Vamos, Luiz, o aprendizado é grande e o tempo é pouco para tantos ensinamentos ainda a receber.

Não podia ir embora sem me despedir. Fui correndo até o carro e a abracei forte, querendo dizer-lhe para se cuidar. Dorita ficou momentaneamente triste:

— Meus Deus, que coisa estranha! Senti como se alguém muito querido me deixasse de repente.

— Gozado, senti a mesma coisa — observou dona Frida.

Carminha foi logo dizendo:

— São os espíritos a nos dar "boa noite".

— Cruzes, Carmem, não brinca! Estou toda arrepiada!

Deixei-as e ao voltar para junto dos amigos, estes, fitando-me com carinho, perguntaram:

— Até quando a separação te entristecerá?

— Até me tornar puro.

Todos riram e assim pusemo-nos a caminho de uma casa onde realizavam algumas pesquisas. Estava muito curioso por conhecê-las.

CAPÍTULO XV

OS PESQUISADORES

Não demoramos muito para lá chegar. Eu a tudo examinava. Reparei que era uma sala bem ampla, contendo somente uma enorme mesa e várias cadeiras. Ao entrarmos o irmão que nos acompanhava foi logo recomendando:

— Precisamos estar conscientes das nossas responsabilidades. Iremos encontrar pessoas de boa vontade, mas não muito desenvolvidas no amor.

Pensei comigo mesmo: "vem coisa, Luiz!"

O bom Jacinto, que ali já se encontrava, sorrindo, afagou-me o ombro, dizendo:

— Sim, vem mesmo, irmão, para proveito de todos nós.

Atento à porta de entrada, observava a passagem dos freqüentadores. Senhores bem sisudos assentaram-se à mesa. Não ouvíamos um ruído sequer; para sentar, dispensavam especial cuidado com as cadeiras. O silêncio era total — só se cumprimentavam através de sinais. Confesso que fui ficando sonolento. Jacinto tocou-me com o polegar, desmagnetizando-me para me despertar.

— Obrigado, amigo, nada posso perder do que vai ocorrer aqui; acredito que muitos serão beneficiados se atento eu ficar.

Jacinto nada disse, mas pelo seu olhar, bem compreendi sua aprovação. Com todos sentados à mesa, orando, pude apreciar aqueles trabalhadores conscientes da força divina, pois só uma grande fé coloca o homem diante de Deus. Muitos vivem dando desculpas, não encontrando tempo para um minuto de oração; fogem de qualquer atividade religiosa, não por medo, mas porque nada desejam doar a ninguém nem a Deus.

Na hora exata, deram início à sessão. Um dos irmãos proferiu a oração de abertura e um deles recebeu uma mensagem — era o cumprimento do encarregado espiritual do grupo. Os outros apenas oravam, para sustentação do ambiente. Assim que foi dada passividade, o amigo espiritual colocou-se à disposição dos irmãos presentes para as devidas perguntas. Uma a uma, as dúvidas foram sendo elucidadas. Quando a resposta não era compreendida sublinhavam-na com lápis vermelho. Às perguntas, muito inteligentes, ofereciam respostas que jamais imaginei ouvir. Era um bate-papo gostoso entre encarnados e quem já vive em outra dimensão. Gostei muito destas duas perguntas que anotei para transmitir aqui:

— "Por que o homem, retendo grande carga magnética, vive a reclamar de cansaço e doenças?"

— "O magnetismo que o homem possui lhe pertence e só ele tem o direito de manipulá-lo. Se usurário for, fará como o servo negligente que enterrou o talento, com medo de ser roubado, não o multiplicando. O magnetismo guardado, indisciplinadamente, dispersa-se pelo corpo, acarretando vários transtornos, por estar mal distribuído pelo organismo do homem invigilante."

— "Como devemos usar esta força interior que todos possuímos?"

— "Mantendo-nos equilibrados pela prece e distribuindo através do trabalho, esta energia, que tão bondosamente Deus nos ofertou e que nos torna eternos."

Vários outros temas foram abordados até o final da

sessão, quando uma bela prece foi pronunciada por um dos irmãos. Acesa a luz, deram início ao estudo de tudo o que o espírito dissera, com as devidas apreciações. Muitos deles achavam que nem tudo era verdade. Alguns assuntos tratados no campo da ciência estavam além do que eles sabiam, resultando que uns tudo aceitavam, outros quase nada. O espírito comunicante levou quase uma hora e meia respondendo; eles, discutindo, levaram três horas e a nenhuma conclusão chegaram. Confesso que estava curioso e Gumercindo logo me fez enxergar ali presente, mas em um plano mais alto, o irmão que se havia prestado a essa experiência.

Que fisionomia serena, bela e amiga! Qualquer um de nós gostaria de tê-lo por perto...

— Eles estão falando cada coisa dura referente ao irmão e nem imaginam que não estão sozinhos!

— Luiz, eles crêem nos espíritos, mas desejam saber se eles são de Deus.

— Acho certo, mas não será desrespeito a alguém que se prontifica a realizar esse trabalho, deslocando-se de sua Colônia para ajudá-los? O irmão está ouvindo ser chamado de mistificador, de obsessor, de falso peregrino, enfim, uma série de cruéis palavras. Onde anda o Evangelho dessa turma?

Félix, olhando a prateleira, mostrou-me o livro querido. Jacinto admoestou-nos:

— Meninos, não brinquem com as opiniões alheias. Devemos respeitar-nos uns aos outros. Aqui vimos para aprender e, graças ao Senhor, a aula foi ótima, não acham?

Fitei Najii e Félix, dizendo:

— Como foi?

— Os pesquisadores ainda se encontram nervosos, vários itens iam contra o que eles consideram correto.

— Irmão Gumercindo, você tem razão, devemos tudo

examinar e, com o filtro da consciência, reter apenas as coisas boas. Mas é certo agredir um espírito — qualquer que seja a sua condição — com palavras tão duras, principalmente saídas dos lábios daqueles que tanto pregam a pureza doutrinária?

— Os verdadeiros seguidores de Jesus não estão preocupados com os erros alheios. Não se esqueça de que este é um grupo de pesquisas, à procura da verdade. Eles são necessários; grupos como este fortalecem a Doutrina, pois agem com a razão, colocando o coração bem longe destas experiências. É preciso que assim aconteça.

— E o espírito que se propõe a isso é inferior?

— Só os espíritos elevados se sujeitam a ser analisados. Os ataques e as críticas não atingem aqueles que já se encontram em um plano mais alto. Comparecem a reuniões como esta espíritos com condição de fazer grandes revelações.

— Quer dizer que um Luiz Sérgio nem chega em tais reuniões? A menos que seja como hoje me encontro: na condição de assistente, não é?

— Sim, Luiz, você voltou ontem da Crosta e ainda possui arestas — o amor próprio, a tristeza, a dor, a vergonha, o medo do ridículo, e estas arestas não o deixariam livre do sofrimento de escutar duras palavras, como as que o amigo espiritual ouviu dos seus investigadores.

— Que barato o dia em que o meu espírito enfrentar tudo isso com a humildade de Jesus! Ele nos deixou este exemplo, não, amigo?

— Decerto. Jesus, para nos ensinar, não titubeou em ser inquirido pelo Sinédrio; em todas as passagens do Evangelho, Jesus estava sendo testado. Muitas perguntas objetivavam embaraçá-Lo, mas quem tem sabedoria não teme os açoites daqueles que precisam ainda de provas para se sentirem mais confiantes.

— Tem razão, amigo, veja nas parábolas da moeda de César, da mulher adúltera, das mãos lavadas... os caras queriam mesmo era colocar Jesus na parede. Mas não usaram o exagero de palavras tão duras.

— Investigar, sim, agredir nunca — disse Najii. Bem, vamos pedir licença para sairmos, pois é tempo de nos retirarmos. Esperemos apenas a prece de encerramento que será proferida.

Ouvimo-la convictos da grandeza divina. Ao término, foram-se retirando ainda bastante exaltados e nós, em seguida, também chegamos à rua. Olhei para trás e vi uma luz intensa varrer do ambiente todos os miasmas pesados que ali foram atraídos no instante da discussão.

— Camaradas bons — murmurei, referindo-me aos servidores em atividade.

Jacinto completou:

— Filhos de Deus em trabalho, apenas.

CAPÍTULO XVI

BRINCANDO COM A MEDIUNIDADE

— Jacinto, quem mistifica não crê nos espíritos, não é mesmo?

— Também acho, Luiz. Quando presenciamos médiuns ou admiradores do Espiritismo brincando de ouvir, de enxergar desencarnados, colocando culpa de tudo no plano espiritual, sinto a grandeza da Codificação e o quanto ainda é tão pouco consultada. Nada mais desagradável do que observar médiuns exagerados que tudo dizem partir dos desencarnados, levando-os ao descrédito perante aqueles que com eles convivem.

— Mas isso acontece muito.

— Infelizmente, os vaidosos estão em todos os lugares e podem enganar os companheiros de roupagem física, mas diante do plano espiritual são considerados doentes necessitados de amor e paciência.

— Eles prejudicam mais a si próprios, não é assim, Jacinto?

— Sem dúvida, mas já imaginaste o trabalho que os seus amigos espirituais têm para ajudá-los?

— Sabe que nem havia pensado nisso?

— Jacinto, já que estamos neste assunto, vamos procurar um desses doentes? sugeriu Gumercindo.

— Será bem proveitoso o aprendizado. Sabemos até de

um que vem dando bastante trabalho a seus amigos espirituais.

Saindo devagar, dirigimo-nos à casa da irmã que no momento preocupava a Espiritualidade, por não ser ainda uma boa medianeira. À medida que nos aproximávamos, confesso que minha curiosidade aumentava. À porta, fomos recebidos pelos mentores daquele lar. A médium era uma senhora e se encontrava lendo. Um tanto preocupada por pressentir nossa presença, desviou os olhos da página.

— Estou sentindo a presença de espíritos, pena que não os veja. Mas um dia ainda hei de vê-los, se Deus quiser.

Acercando-me de Félix, falei:

— A médium é boa, hem?

— Sim, Luiz, precisa apenas educar-se.

— Ela é sem educação? Mas me parece tão polida!

— Não brinques, amigo, bem sabes que o que lhe falta é humildade e médium sem este dom é um doente, desejando sempre além do que Deus lhe ofertou.

Por momentos, até me esquecera do assunto sério que ali fôramos tratar.

Enquanto trocávamos idéias, Gumercindo procurou o guia espiritual da médium e ficaram alguns minutos dialogando. Nisso, entrou na sala um dos filhos da irmã, pondo-a a par de que alguém a procurava. Vimos encaminhar-se ao recinto uma jovem senhora, acompanhada de uma mocinha nos seus dezesseis anos. A dona-da-casa recebeu-as sorridente e iniciaram a conversação. À medida que a visitante desfolhava seus fracassos familiares, a irmã, a quem daremos o nome de Clara, fixava os olhos na mesma. Em certo momento, falou:

— Tem razão, seu marido precisa tratar-se; ele está acompanhado de obsessores.

— Não diga, Clara! É mesmo? Mas ele sempre foi assim...

— Porém, sendo médium, está todo o tempo sujeito às influênciações e você também.

— Mas Clara, eu morro de medo! Quê fazer, então, para nos vermos livres desses espíritos maus?

— Vai ao Centro tomar passe por você e seu marido, que logo as coisas melhorarão.

A jovem Cátia — que a tudo presenciava — sendo portadora de uma mediunidade já bem desenvolvida, interrompeu-as:

— Desculpe, dona Clara, mas não acredito nisso. Desde que conheço meus pais, eles não se entendem. Isso, entretanto, é rotina lá em casa; julgo mesmo que a mamãe até gosta dessas briguinhas.

Clara não gostou da interferência da jovem, assim como sua mãe, que a mandou calar. Cátia, levantando-se, retirou-se, aborrecida com o que ouvira. Pela primeira vez Clara sentiu-se triste com as palavras de alguém. Mudaram de assunto e, logo que a amiga saiu, ficou a meditar. E nós aproveitamos para ajudá-la. Primeiro daríamos um jeito de levá-la para um grupo bem-orientado onde teria elucidações sobre mediunidade.

Najii aproximou-se, intuindo-a para o perigo a que estão sujeitos os médiuns vaidosos, que não sabem separar os fenômenos espíritas dos fatos rotineiros da vida. Receptiva à intuição, pensou: "é mesmo, eu vivo brincando com coisa séria. Julgando-me já apta, fujo dos trabalhos do Centro. Querendo operar por conta própria, vivo dando consulta a todos os que me procuram, achando que assim pratico a caridade. Amanhã é dia de atendimento, vou até lá pedir orientação. Chega de sentir a ironia dos outros".

Falei a Najii:

— Como trabalhas, hem? Só falta dizer que te viu de turbante, medalhas e pedras preciosas.

Najii riu, pois eu nem terminara de falar, a filha de

Clara fazia-se presente na sala, ouvindo de sua mãe:

— Filha, você nem imagina o que eu vi: um jovem oriental com uma estrela brilhante no peito, um turbante azul, com uma pedra amarela.

— Não me diga, mamãe!... — falou-lhe a filha com indiferença, já bem conhecedora das fantasiosas revelações de Clara, nas quais acreditava muito pouco.

— Sei que não acreditas, mesmo porque ninguém é profeta em sua própria casa.

— Mamãe, isso cansa! A senhora não tem outro assunto? Só fala em espíritos, em obsessão, em passes. Mamãe, nós vivemos na Terra e devemos respeitar as pessoas que não professam as mesmas idéias nossas.

— Filha, mas eu tenho amigos de outras religiões!...

— ... que a senhora quer sempre doutrinar, achando que todos estão errados.

Com a conversa das nossas irmãs, eu não pude rir de Najii, mas ele, batendo em meu ombro, disse:

— Vê se não projetas na mente alheia as tuas brincadeiras!

— Fui eu quem a fez ver-te de turbante?

— Claro que não, estou brincando! Sabe, Luiz, Clara possui ótima mediunidade, porém, igual a muitos, deseja além do que tem. Uma vez educada, contentar-se-ia com a mediunidade intuitiva e não ficaria iludindo as pessoas com o que não vê.

Interrompendo nossa conversa, Gumercindo convidou-nos a sair:

— Irmão, será que Clara irá mesmo procurar o Centro?

— Sim, Luiz, ela irá, e lá receberá ensinamentos.

— E se desejar mostrar-se aos irmãos do grupo como uma superdotada?

— Caso o dirigente seja consciente das responsabilidades da Doutrina, ela receberá tratamento especial; do contrário nada será somado ao seu adiantamento espiritual.

— Gumercindo, gostaria de vê-la no grupo, pode ser?

— Sim, deste problema voltaremos a tratar; vamos esperar que se integre num grupo e lá iremos para melhor acompanhar o seu tratamento.

— Gumercindo, estou tão acostumado a me deparar com estes casos, que nem me assusto mais. Qual a sua mensagem para estes complicados médiuns?

— Diria, Luiz, que todos possuem consciência, o que os torna donos de seus atos. Quando nos propomos a ter contato com os espíritos, devemos lembrar-nos que o mundo físico é encaixado em um outro muito mais poderoso e belo, onde moram seres já bem livres das vendas que ocultam a visão dos encarnados. Esse mundo é habitado por entes iguais aos da Terra, sofrendo quase as mesmas necessidades. Se cremos nesse intercâmbio, então, por que não o respeitamos? Esse deve ser o teor das aulas de qualquer grupo mediúnico; o encarnado que crê na vida além vida deve conscientizar-se do valor da verdade, lembrando-se sempre de que seus atos são observados por aqueles que partiram. Quem quiser dar uma de superdotado está muito longe de ser um tarefeiro do Senhor. O médium que em qualquer lugar vive a pregar Evangelho ou Doutrina aos que nada entendem, ou mesmo a algum irmão de ideal, ainda procede assim por total desconhecimento da Codificação. Quem estuda e assimila o que aprendeu, não brinca com a pureza doutrinária. O médium que nas suas conversações vive a contar passado, presente e futuro ou dando consultas sem um critério está longe, muito longe, do Consolador, cujos ensinamentos doutrinários alertam contra os falsos profetas.

— Irmão, não compreendi muito bem. Então o médium não deve ficar falando sobre espíritos?

— Luiz, não é em qualquer lugar que podemos falar

sobre certos assuntos. Se estivermos em uma mesa de almoço, por exemplo, evitemos determinadas conversas.

— Por que muitos adeptos desejam doutrinar aqueles que nada sabem e nem querem aprender?

— O exemplo fala muito mais do que palavras. O verdadeiro espírita fala pouco e seus passos são tão firmes que quem caminha ao seu lado sente vontade de adquirir a mesma força e coragem. Gritar que é espírita, que é médium, que cura, que tudo sabe, longe o deixa da grandeza do Cristo, que disse: "não diga a ninguém que o curei".

— Irmão, como é complicado!...

— Quem estuda e procura viver o que aprende, jamais fará algo que o comprometa no futuro.

— Gumercindo, prometa-me que voltaremos ao assunto, sim?

— É preciso. Diretores de Casas espíritas enfrentam sérios problemas com médiuns vaidosos que têm a pretensão de ser dirigentes de homens, enquanto o Filho do Homem Se fez o menor dos servos de Deus, para que todos nós, pelo Seu exemplo, nos esforçássemos em segui-Lo. Enquanto não for vestida a túnica da humildade e conscientizado o valor do Evangelho, veremos tristes casos de fascinação, onde seres fracos desejam projetar-se sobre outros para serem olhados com admiração.

— Obrigado, Gumercindo.

Ele se calou e nós também ficamos em silêncio, vindo à nossa mente a figura d'Aquele que falou tão pouco: Jesus de Nazaré.

CAPÍTULO XVII

COMPORTAMENTO MEDIÚNICO

Minha curiosidade agora era observar o comportamento de Clara trabalhando em um grupo. Gumercindo adivinhou meu interesse e com carinho falou-me:

— Sérgio, vejo que gostas de tudo o que se relaciona com grupos mediúnicos.

— Confesso que sim. Nós que trabalhamos na crosta da Terra deparamo-nos com o despreparo de vários irmãos que tomam parte nessas reuniões.

— Tens razão, o médium iniciante deve estudar e não ficar esperando uma mediunidade gloriosa.

— Gumercindo, se todos nós somos médiuns, por que uns recebem as influências dos espíritos desencarnados tão bem e outros não? Por que quase todas as pessoas encarregadas das consultas nos Centros, quando procuradas por irmãos que atravessam momentos difíceis, recomendam o desenvolvimento da mediunidade? Acha certo?

— Quando alguém bate à porta de uma Casa espírita é por se encontrar carente de gestos amigos e os orientadores devem procurar no Evangelho as palavras de esclarecimento. Do contrário, ao invés de ajudarem, contribuirão para complicar vidas já por demais complicadas. Contamos, em vários lugares, com um belo trabalho de assistência espiritual, onde espíritas aptos a este serviço, ao serem solicitados, analisam de qual remédio o irmão está necessitado e, em quase todos os casos, o remédio é o Evangelho. Sendo assim, em lugar de encaminharem o irmão para grupos de desenvolvimento, devem, sim, indicar-lhe o tratamento de equilíbrio espiritual.

— Desobsessão, não é mesmo, Gumercindo?

— Prefiro dizer reequilíbrio espiritual, porque só somos obsidiados por estarmos em desequilíbrio. Reequilibrando-nos, saberemos escolher melhor as nossas companhias, de um plano ou de outro.

— O que acontece com alguém que vive cercado de problemas familiares e nada dá certo para ele? Qual é o tratamento indicado para um irmão nesse estado, que, já cansado de sofrer, procura um Centro?

— Primeiro ele deve receber os passes reequilibradores; durante o tratamento, os responsáveis pelos trabalhos da Casa escolhem bons pregadores e estes ficam encarregados de transmitir belas e esperançosas palavras de amor, evitando falar de coisas tristes — não devemos esquecer que estamos tratando com irmãos que se sentem deveras infelizes. Devemos mostrar-lhes que a Casa Espírita é um refúgio de amor e não um inquisidor que só fala em castigo, demônio e inferno. O doente precisa adquirir esperanças e não existe melhor remédio do que acreditar nas pessoas. Muitos irmãos que procuram reequilibrar-se em uma Casa espírita, ali vão porque esta quase sempre é a sua última esperança.

— Gumercindo, e depois dos passes, o irmão é encaminhado para qual setor da Casa?

— Para os grupos de evangelização, onde os doentes irão auto-educar-se. Ali, cuidarão do espírito, recebendo elucidações evangélicas, ministradas por irmãos capacitados, escolhidos pelos diretores da Casa. Nesse trabalho não podem integrar irmãos portadores apenas de boa vontade, isso não. Quem ficar encarregado dessas turmas de aprendizes, precisa ser conhecedor do Evangelho e, mais importante ainda, ter muita humildade.

— Mas eles só irão estudar o Evangelho? E a Doutrina?

— Sérgio, torno a repetir, o irmão designado para esse trabalho deverá ter muito conhecimento sobre evangelização. Sendo ele um tarefeiro de Jesus, saberá conjugar os estudos espíritas com o Evangelho. Quer um exemplo?

— Sim. O que mais desejo é ajudar aqueles que, como eu, pouco ainda conhecem do mundo maravilhoso da Doutrina Espírita, da sua grande sabedoria quando entrelaçada com o Evangelho de Jesus.

— Estudando o Evangelho Segundo o Espiritismo, vamos procurando nos livros da Doutrina as palavras dos espíritos sobre as parábolas do Cristo. Existem livros muito bons que podem ser consultados, entre os quais "Caminho e Vida", "Pai Nosso", "Vinha de Luz", "Fonte Viva", "Estude e Viva", "Lampadário Espírita", "Primícias do Reino" e muitos e muitos mais que servirão para ajudar o dirigente a elucidar os companheiros.

— E esses irmãos, quase todos médiuns, até quando irão ficar só estudando?

— Aquele que está ligado com Jesus jamais pára de estudar, não é mesmo? Os que são encaminhados para esses grupos de evangelização, ficarão neles até o encarregado constatar que já adquiriram o conhecimento do que vem a ser Doutrina Espírita.

— Por que tudo isso, Gumercindo?

— Luiz, muitos estão buscando a Casa Espírita para se verem livres dos problemas, porém esses só desaparecem quando nós mesmos sabemos nos livrar deles. Se os irmãos, ao procurarem a Casa, forem todos encaminhados para grupos mediúnicos com a única finalidade de receberem entidades espirituais, jamais teremos bons médiuns.

Muitos deles, depois de aconselhados ao desenvolvimento, chegam ao grupo e só desejam ser medianeiros dos espíritos para incorporar ou psicografar. Quando nada disso acontece, ficam mais infelizes do que antes, ignorando o porquê de tudo. O melhor a fazer é esclarecer devidamente esses irmãos de que cada ser é dono de um universo chamado consciência, a única capaz de nos fazer deuses ou demônios; que a Doutrina é muito mais do que os nossos olhos ainda imperfeitos podem entrever, porque ela muda o nosso interior, nos ensina a maneira certa de vencermos os percalços da vida encarnada; que os espíritos são amigos e não deuses dos milagres; que muitos deles apesar de estarem na Crosta trabalhando muito precisam ainda se autoeducar. Por essas e outras razões, todos aqueles que admiram o Espiritismo devem conhecer os esclarecimentos contidos nos livros básicos, primorosamente codificados por Kardec e hoje complementados pela obra de André Luiz. Desejar uma mediunidade ativa todos desejam, todavia a Doutrina nos oferece muito mais do que isso, ela nos coloca à frente de nós mesmos e, com paciência, vamos, pouco a pouco, podando em nós os galhos ainda tortos pelas imperfeições.

— Gumercindo, o que acontece se encaminharmos um médium sem preparo para um grupo mediúnico.

— Sem conhecimento do Evangelho, não é mesmo, Luiz?

— Sim.

— Primeiro: se ele vive brigando em casa ou os outros brigando com ele, o grupo não irá melhorar em nada a sua vida familiar. O mal está nele e não em sua casa. Ou ele aceita os outros por estarem doentes, ou ele, sendo o doente, precisa curar-se. Se esperar do grupo um milagre, bem depressa virá a desilusão e a tudo abandonará.

— E aqueles outros que, presenciando os colegas de grupo receberem espíritos e eles não, vão ficando complexados e depois também se afastam da Casa espírita?

— Luiz Sérgio, Sadu sempre nos diz: gostaríamos de reunir todos esses médiuns em um grupo de cura perispiritual; eles não podem imaginar como é nobre o trabalho anônimo na Doutrina. Ainda há mais, Sérgio. Existe dirigente que fica forçando incorporação, invocando espíritos, o que constitui um erro imperdoável, olvidando toda a Codificação, que nos elucida como adotarmos um comportamento espírita-cristão. O médium iniciante espera um dia, outro e ainda outro; então, desiludindo-se, acaba mistificando ou desistindo de tudo. O medianeiro, Luiz Sérgio, precisa conhecer a Codificação para servir humildemente e saber que ele difere das outras criaturas humanas, porque possui em excesso a substância chamada ECTOPLASMA, que tanto auxilia o próximo, quando o tarefeiro se torna evangelizado. Os diretores de uma Casa espírita não devem ficar alheios ao que acontece nos grupos, havendo a necessidade de ser-lhes apresentado, por seus dirigentes, um roteiro de trabalho para apreciação. Os responsáveis pelo Centro tudo devem fazer para que os médiuns não se tornem fanáticos, ou seja, só desejando receber espíritos ou os endeusando. Todos os responsáveis pelas Casas espíritas devem permanecer unidos para não recaírem nos erros do passado. Assim é a Doutrina: é preciso arregaçar as mangas e trabalhar ombro a ombro com os mais novos que chegam, não deixando para trás os encargos que a eles competem realizar. Enquanto o tarefeiro possuir fluidos vitais deve caminhar com pés firmes junto aos seus irmãos de jornada. Todavia, sentindo-se cansado ou requerendo "aposentadoria", afastar-se-á do compromisso assumido.

— Gumercindo, então a Casa precisa é de Evangelho?

— Sim, médium sem Evangelho é folha levada pelo vento, caindo onde este deseja e jamais onde deva pousar.

— Obrigado, amigo, acho que muitos gostarão das suas

palavras. Mais uma perguntinha: e se nessas turmas já existirem médiuns educados e evangelizados, não seria melhor levá-los para os grupos mediúnicos?

— Sim, o dirigente, com o tempo, vai conhecendo os bons tarefeiros, aqueles que não estão ávidos para ficar em evidência nem desejando mostrar conhecimento ou mesmo os seus dons. Esses serão escolhidos para grupos adequados.

— Fazer essa triagem é que acho difícil. Desculpe-me, Gumercindo, mas é o que penso.

— Não, Luiz, se o dirigente estiver ligado com o Alto, tudo obedecerá às leis divinas, que são justas e não haverá grandes dificuldades.

— Muitos sonham em construir centros, mas como é difícil tudo dar certo!

— Construir é fácil, o problema é mantê-los firmes na pureza doutrinária.

Beijo os pés daqueles que, esquecidos de si, tudo fazem para que outros sejam felizes. E daqui envio a todos os trabalhadores das Casas espíritas o meu abraço de agradecimento.

CAPÍTULO XVIII

DIFERENTES ATIVIDADES DOS GRUPOS

— Que assunto interessante estão tratando? perguntou Félix, que de nós se aproximava, acompanhado de Najii.

— Gumercindo me elucidava sobre comportamento mediúnico. Por sinal, como sempre, o amigo demonstrou conhecer muito bem o assunto. Gumercindo, você participa de grupos mediúnicos?

— Sim, irmão. Colaborando com as tarefas das Casas espíritas, vamos adquirindo experiência e, pouco a pouco, nos entrosando nos grupos.

— Por falar em trabalho, Gumercindo, — disse Najii — vimos até aqui para avisá-los de que estamos numa emergência: foram trazidas por amigos nossos, duas entidades em total desequilíbrio. Que acha de os ajudarmos?

— Sim, vamos procurar o encarregado da Casa e saber se temos permissão para participar do tratamento.

— É preciso?

— Sim, Sérgio, o bom tarefeiro respeita o serviço do seu próximo, por dar valor a todos os trabalhos do Senhor.

Tão logo terminou de falar, saiu à procura da permissão, e nós nos aconchegamos para orar, já que precisaríamos estar aptos para ajudar, e só a prece tem esse poder de fazer das criaturas de Deus uma fonte de luz e estávamos necessitados de muita luminosidade para o empreendimento que nos esperava. Gumercindo não se demorou, voltando em seguida.

— Vamos, irmãos, o dirigente do grupo nos aguarda.

Ao chegarmos à sala, Gumercindo foi o primeiro a entrar, e eu o último. Uma luz azul banhava todo o recinto. Os médiuns, bem concentrados, oravam baixinho. Circundando a mesa, vários espíritos também faziam parte da corrente de oração. Procurei ao meu redor as duas entidades que iriam ser tratadas e nada vi, com exceção de uma outra mesa muito iluminada. Fomos convidados a sentar numa das extremidades da sala, junto com outros espíritos. Nisso, o dirigente desencarnado apagou a luz azul, ficando a parte espiritual na penumbra. É bom lembrar que os médiuns permaneciam imóveis, numa disciplina digna de ser apreciada por aqueles que ainda desconhecem o que vem a ser um equilibrado grupo de ajuda. Em seguida, foi acesa no plano espiritual uma luz prateada, cujos reflexos emitiam as cores do arco-íris. Esta luz envolvia os médiuns, dando-lhes um banho. Digo banho, porque presenciávamos, saindo de cada corpo os miasmas pesados do dia-a-dia. Logo após, cada médium recebeu uma luz de diferente cor. O dirigente encarnado fez a prece de abertura indo de médium em médium, aplicando-lhes passes. Enquanto era feito isso, o perispírito do médium elastificava-se, pois aumentava e diminuía, ao contato com os fluidos magnéticos.

Gumercindo mostrou-me a mesa, já ocupada, e nela um irmão que parecia ter saído de escombros. Cada médium projetava uma irradiação que pouco a pouco dava ao médico espiritual condição de operar sobre aquele espírito doente. Havia na mesa uma senhora de meia idade, que jamais recebera uma entidade, apesar de estar há vários anos na Doutrina. Por ser médium disciplinada, era justamente ela quem mantinha todo o grupo equilibrado. Se ali entrasse alguém, não ouviria um ruído sequer. Parecia até que nem respiravam, tal a harmonia reinante. Quando o dirigente terminou de passar por todos os componentes da mesa e já ia voltar ao seu lugar, lembrei-me do outro doente. Desviando o olhar da mesa, tive a surpresa agradável de assistir aos últimos retoques de uma complicada operação espiritual. A outra entidade, deitada em uma cama, dormia anestesiada. Pude ver que se antes os médiuns, recebendo uma carga energética em seus perispíritos, tinham condição de emitir fluidos magnéticos aos médicos e estes os aproveitavam conforme a necessidade, agora cada médium oferecia, diretamente ao doente, quantidade de ectoplasma suficiente para cobrir-lhe todo o corpo exceto o rosto. Era como se um monte de algodão o envolvesse. Voltei a observar o grupo de médiuns: ninguém se mexia. Com as mãos espalmadas sobre a mesa, completamente imóveis, eram reservatórios divinos em atividade. Ficaram muitos minutos em total silêncio, permitindo aos trabalhadores espirituais limparem o ambiente, retirando os dois doentes e todos os aparelhos. Uma luz violeta, projetada como holofote, a tudo limpava, sem atingir a mesa dos médiuns. Esta recebia uma luz tranqüilizante, porquanto alguns deles haviam captado o sofrimento dos espíritos em tratamento. Encerrado o trabalho, o grupo retirou-se, silenciosamente. Até as cadeiras foram colocadas com delicadeza, em seus devidos lugares. Ninguém diria que naquele recinto duas importantes operações tivessem sido realizadas.

Já no pátio, falei aos nossos amigos:

— É isso aí, camaradas. Esta é uma das doações em um trabalho espírita.

— Gumercindo — perguntou Félix — existem muito grupos iguais a este?

— Sim, e tendem a aumentar. Seria muito bom se as Casas agrupassem esses bons médiuns e os elucidassem sobre a convivência com o mundo espiritual, conscientizando-os sobre o fato de que nem só a psicofonia dá a certeza das presenças espirituais e que muito podem oferecer, mesmo sem enxergar o outro plano.

— Irmão Gumercindo — disse Najii — esses grupos precisam de um bom médium vidente, não?

— Os médiuns videntes são muito úteis, quando já esclarecidos de que nem tudo podem relatar, mas esses grupos também funcionam sem eles, sendo necessária apenas a presença de humildes dirigentes.

— Sabe que gosto, e muito, de presenciar o trabalho a que assistimos?

— Então, amigos, vamos a outro grupo, onde participaremos de uma proveitosa aula.

— Não vai tirar permissão?

— Já a tenho.

— Que bom ser prevenido!

Gumercindo sorriu e, caminhando à nossa frente, entrou em uma sala, onde vários irmãos estavam sentados. Pelo bate-papo, pudemos constatar que ali se encontravam grandes amigos; todos se queriam, ninguém se sentia superior a outro. O dirigente espiritual, sentado em sua mesa, orava. Logo em seguida, juntaram-se a ele mais duas entidades.

— Quem são? perguntei a Gumercindo.

Ele não me respondeu por não achar necessário. O dirigente encarnado estudava juntamente com o grupo; dialogavam entre si, tirando as dúvidas, por isso, o silêncio não era dos melhores. De vez em quando, risadas se ouviam.

— Que diferença do outro grupo, não, Félix?

— Sim, muito diferente.

Gumercindo, que nos ouvia, apenas sacudiu a cabeça e compreendemos o que ele desejava nos dizer. Calamo-nos, para melhor assistir ao estudo. "Eles são amigos mesmo. Como se dão bem!" — pensava. O dirigente, consultando o relógio, deu por terminada a aula. Os livros foram fechados e os médiuns foram-se aquietando. Quem entrasse agora no recinto, não diria que eles conversavam tanto há minutos atrás. Depois da prece de abertura, o dirigente espiritual se aproximou do encarnado, e este muito bem recebeu as elucidações. Primeiro, treinou o grupo na meditação, apresentando quadros como: Genesaré, Jesus se aproximando, uma fonte de águas cristalinas, e mais alguns de rara beleza. Quando ele falava, os quadros eram plasmados pelas mentes dos médiuns, num exercício muito belo. Só dois não estavam levando a sério o trabalho, por desejarem incorporar. Notamos que logo um dos encarregados do grupo isolou-os, para que não atrapalhassem o trabalho que se realizava. Depois da meditação, pela força mental, prestaram ajuda em lugares que, no momento, atravessavam situações difíceis. E pudemos constatar que a força do pensamento funciona mesmo: cada médium prestou auxílio se assim o desejou. A força mental varava o espaço, socorrendo a quem necessitava, encarnado ou desencarnado. Cada cérebro era como uma lâmpada de muitos volts, iluminando à distância. A vontade e a meditação eram o veículo de socorro naquele grupo de médiuns. Pouco a pouco, os dirigentes foram trazendo os médiuns à realidade. Apresentavam-se bem cansados, é verdade, pois haviam desprendido muitos fluidos magnéticos, mas, em compensação, muito haviam auxiliado, mesmo de longe. Ainda ficaram algum tempo em silêncio, para logo depois ser encerrada a reunião. Senti os olhos marejados de lágrimas ao vê-los afastarem-se. Como é belo o trabalho na Doutrina, quando realizado dentro do Evangelho! Aquele grupo prestava ajuda a muitos carentes. Fomo-nos retirando também, devagar.

Gumercindo, acercando-se de mim, de Jacinto e de Félix, falou:

— Desculpem-me amigos, só agora posso responder à pergunta de vocês. Qual foi mesmo?

Com que vergonha olhei o Félix, como a dizer: “e agora, companheiro?”

— Estranhei os risos e as brincadeiras antes do trabalho iniciar. Viemos de um grupo em que ninguém se mexia, mas deixa prá lá, Gumercindo.

— Não, Sérgio, faço questão de explicar o porquê. O outro é um grupo de cura perispiritual. Devem os médiuns ajustar-se bem antes, para que os médicos possam preparar a instrumentação. Este grupo que hoje visitamos, igualmente de médiuns que não incorporam, também presta ajuda. Antes de iniciar, é permitida conversa descontraída, para melhorar a execução da tarefa. Neste trabalho que presenciamos, o médium desprende muita energia mental. Exercitando a mente em favor do seu semelhante, vai até o doente, esteja ele na China ou no Japão. Antes da sessão, o dirigente não pode exigir uma conduta austera, os médiuns precisam descontrair-se, porque o trabalho vai exigir muito deles. Não é prudente começar a concentração antes do tempo. Daí, a conversa amigável entre dirigente e médiuns.

— Então o dirigente é que precisa ter conhecimento se o grupo deverá ficar em total silêncio ou descontraído?

— Irmão, acho a questão fácil para um dirigente de grupo. Quando a vaidade não o dirige, ele se deixa dirigir pelo amor.

— Que acha dos cursos de dirigentes?

— Necessários, porém, não devemos esquecer que todos somos discípulos de Jesus. Os diretores da Casa escolhem as pessoas aptas e estas precisam estudar bastante, não um mês ou dois, mas anos a fio, a maneira certa de se fazerem representantes da Doutrina. O dirigente deve ser uma vidraça bem limpa, onde o sol da verdade não terá dificuldade de a outros iluminar.

— Só o curso não adianta?

— Se o médico diplomar-se somente por vaidade, será

um fracassado, como em qualquer outra profissão. Os cursos só elucidam o homem, mas está nele mesmo o valor do que aprendeu.

— Como você conhece médiuns e dirigentes tão bem, Gumercindo?

— Fui um médium fracassado e um dirigente vaidoso.

— E hoje está aqui?

— Sim, Sérgio, estou aqui, tentando redimir-me

— Então você foi espírita quando encarnado?

— Sim, tentei ser. Mais tarde contarei minhas experiências para vocês; agora, vamos até o diretor da Casa dar as nossas despedidas e os nossos agradecimentos.

— Que pena! Já vamos voltar?

— Não, Luiz, não vamos voltar às Colônias, ainda iremos a outros lugares.

— Ótimo! falei, fechando os olhos para melhor entrar em prece.

CAPÍTULO XIX

NUM SANATÓRIO

Caminhávamos em silêncio, olhando os transeuntes. Afundados em seus próprios problemas nem encontravam tempo para apreciar a natureza, que nessa noite era bela e companheira.

— Gumercindo, perdoa-me se outra vez irei incomodá-lo: é que estou preocupado com alguém que me chama insistentemente e por mais que eu procure desligar-me, em meus ouvidos ressoam lamentos de tristeza.

Félix segurou meu braço, dizendo:

— É isso, irmão, viemos à crosta da Terra não somente para aprender, mas também para estendermos os braços aos que precisam.

Gumercindo nada me disse, mas percebi que nos dirigíamos a um sanatório de doentes mentais, onde meu nome era pronunciado. Ninguém pode imaginar o que seja, na realidade, um sanatório — um lugar, no plano físico, onde ninguém quer viver.

Um círculo de luz guardava o local. Quando chegamos ao portão, fomos recebidos por dois abnegados espíritos que prestam guarda ali. Um deles, o Carlito, muito sorridente, dirigiu-me a palavra:

— Luiz Sérgio, como estás passando? Sê benvindo!

— Muito bem. Obrigado por nos receber.

Confesso que fiquei intrigado: "de onde Carlito me

conhece? Daqui não é, isso eu posso garantir!"

— Não sei, não, Sérgio, nunca passaste férias aqui? disse, brincando, o nosso amigo Najii, captando meu pensamento.

— É mesmo, tem razão, vai ver que foi aqui que nos conhecemos — respondi.

Enquanto conversávamos, Gumercindo, Jacinto e a diretora da Casa trocavam idéias e posso dizer que não foram poucas. Quando terminaram, fomos apresentados e ela, muito sorridente, nos pediu desculpas, uma vez que Gumercindo teria de tomar muito cuidado com a aula que receberíamos. Fomos levados até o pavilhão masculino, onde havia uns cinqüenta doentes, cada um vivendo no seu mundo mental. Constatamos que vários deles tinham por companhia espiritual amigos e inimigos do passado; outros, não desejando viver a presente encarnação, por nesta estarem aquém do que foram no pretérito, agarravam-se aos sonhos, despertando lembranças adormecidas, sentindo-se felizes com isso, embora incompreendidos pela família. Vimos, ao nos aproximarmos dos irmãos doentes, que um deles carregava junto a si relances de muitas existências anteriores. Em cada uma delas comportava-se como se as vivesse, causando com isso desequilíbrio à atual encarnação.

Não suportava mais de curiosidade. Gumercindo apenas olhou-me, como a dizer: agora não é hora de explicações. Além desses casos, pude perceber um senhor de meia-idade que contava os dedos sem parar; aproximei-me e ele me endereçou olhares com semblante fechado, escondendo a mão, com medo que eu lhe tomasse algo. Através de sua energia mental, notei que ele se imaginava contando uma elevada soma. Logo adiante, ao chegarmos perto de um jovem de uns vinte e quatro anos, observamos que suas atitudes eram bem femininas e estas partiam de duas entidades que no pretérito usaram por demais o sexo. A afinidade era bem acentuada; o corpo físico do jovem apresentava-se como se fosse um tronco de árvore; de onde partiam os galhos, que seriam as duas mulheres. Estas sugavam tanto as suas energias vitais, que ele já possuía as expressões fisionômicas das duas.

Ficar calado algumas horas, quando temos milhares de perguntas, não é fácil! Mas nada podia atrapalhar o nosso aprendizado. Fomos visitando os doentes, até alcançarmos o departamento das mulheres. Aí sim, a coisa ficou preta! A maioria tinha por companhia legiões de espíritos vingativos, porém algumas nem pareciam doentes, conversando normalmente, tendo ao seu redor entidades muito espertas. Quando me aproximei da amiga que me chamou, ela, muito calada, fingia dormir. Ao abrir os olhos, começou a gritar. Os enfermeiros acorreram, ouvindo-a dizer:

— Luiz, Luiz Sérgio está aqui!...

Fiquei apavorado e temeroso de não ter agido direito, amedrontando a minha irmã, mas, pelo olhar de Gumercindo, nada havia feito de incorreto. Retiramo-nos. Gumercindo convidou-nos a chegarmos até a sala de oração. Lá, recebemos um passe de reequilíbrio. A irmã diretora da Casa nos esperava e, com carinho, foi-nos elucidando sobre o quadro clínico de cada doente.

— Com relação ao primeiro caso: ele vivia outras encarnações? Pudemos perceber várias épocas de sua vida como encarnado. Qual a causa deste desequilíbrio?

— Irmão, sendo muito vaidoso, o espírito luta para manter acesa em sua mente a época de mando e poder. O corpo biológico, perfeito, recebe em cada órgão a energia necessária — nem mais nem menos. Se um dos órgãos receber além da sua capacidade, o corpo entra em desequilíbrio. Como o espírito encarnado precisa do corpo físico, se este não se encontra bem, também ele, o espírito, se desequilibra. O que se dá com o nosso irmão é que ele, relutando em viver a presente encarnação como um humilde operário, rejeita-a e tenta despertar o seu arquivo mental, indo contra a lei da natureza, que nos adormece o espírito para que voltemos a compor a beleza da vida encarnada. No segundo caso, o nosso guarda do tesouro foi muito avaro no passado e ao desencarnar viu sua fortuna ser destruída por herdeiros. Então, entrou em total desequilíbrio. No mundo espiritual esteve em tratamento nos hospitais e nas escolas, recebeu toda a elucidação para voltar à Terra, mas, ao chegar, viu-se diante de seus desafetos do passado e foi recordando-se de tudo, pouco a pouco, temendo ser por eles novamente roubado.

— Irmã, perdoe-me, mas nesses casos há cura?

— Sim, Luiz, principalmente se o sanatório procurar curar o espírito.

— Mas existem tão poucos sanatórios espíritas...

— Sim, e ninguém pode imaginar a luta desses poucos que vão desde a carência de material humano, que dia-a-dia escasseia, até a compreensão das famílias dos doentes. Quanto ao caso do jovem, as irmãs vivem sugando-o por ter ele um dia brincado com seus sentimentos. Dominavam-no de tal maneira que o irmão perdeu suas características masculinas. O passe e um trabalho de desobsessão costumam sarar esses doentes. Muitas vezes o próprio doente não quer ser ajudado e se sente feliz na condição escolhida; aí, dificilmente será curado. No caso da tua amiga, o que queres saber é por que ela te chama, não é verdade?

— Sim, não compreendo porque esta jovem pronuncia tanto o meu nome, se nem a conheço.

— Irmão, esta menina se envolveu com uma turma de droga; no início, tudo bem, mas depois as jovens são substituídas e ela se vendo preterida desesperou-se, tentando o suicídio. Tudo fazendo por ela, os pais acharam-se no dever de interná-la, o que não é fácil para qualquer família. A mãe da garota tomou conhecimento que tu, Luiz Sérgio, estás trabalhando com uma falange que ajuda os viciados e tentou fazer a filha ler os teus livros. Não tendo ela condição para tal, por estar muito perturbada, mandou que te chamasse, o que ela faz muito bem!

— Mas, irmã, eu nunca posso vir até aqui. Só hoje tive permissão!

— Todas as vezes que te invoca, sabemos que oras ao Pai por ela, não é mesmo, Sérgio?

— Sim, irmã, tenho procurado orar muito, esperando que Deus a ajude, já que sou um dos Seus menores servos.

— Mas agora podes vir sempre visitá-la.

— Agradeço, irmã, por tudo — disse Gumercindo à diretora do sanatório.

Ela se retirou. Ficamos ainda ali, orando, para deixar um pouco do muito que temos recebido de Deus. Najii tinha os olhos marejados de lágrimas. Naquele sanatório encontramos um outro mundo, ainda bastante desconhecido pela ciência da Terra. Ao reaparecermos no pátio, Carlito veio ter comigo.

— Sérgio, você não está lembrando-se de mim?

— Confesso que não, amigo...

— Ah, é né? — falou Carlito — me esqueceu? Pois eu não me esqueci de você, eu era vigia do Colégio, lembra-se?

— Meu Deus, você também deste lado? Quando desencarnou?

— Nem me lembro mais, deixa prá lá, o bom é abraçá-lo bem forte, menino.

De imediato, veio-me o passado à lembrança; aquele companheiro era alguém que eu conheci quando encarnado e, não sei porquê, recordei de tudo o que nos ligara antes. E pensei: "como é bom reencontrar amigos! Quando todos respeitarem o espírito, aprenderão a se respeitar para serem respeitados; não plantarão os espinhos da inimizade, por conhecerem a lei do reencontro".

— Um dia aqui voltarei para recordarmos o passado. Nós não temos vergonha de lembrá-lo, não é Carlito?

— É isso, Sérgio, é isso!

CAPÍTULO XX

UMA CASA NO NORDESTE

Deixamos aquele hospital onde irmãos nossos vivem em um mundo ainda desconhecido por muitos. Em cada olhar, incontáveis súplicas. "Viver na Terra e não participar do seu progresso é prova cruel demais!" Assim ia pensando, quando Najii afirmou:

— Luiz Sérgio, cada ser é dono de suas realizações; se hoje o tombo nos fere, amanhã, mais precavidos, evitaremos o caminho perigoso. Muitos se julgam donos da situação quando esta lhes proporciona prazer, esquecendo-se dos que sofrem, ou mesmo levando-os ao desespero. E como o plantio é livre e a colheita mais que obrigatória, esses estarão colhendo lágrimas que ontem plantaram.

Jacinto foi-se aproximando. Achei-o um tanto apreensivo e perguntei:

— O que se passa? Algo errado?

— Não, irmão, só um pouco de tristeza ao constatar, mais uma vez, como o espírito se enfraquece diante dos abusos que pratica.

Assim, fomos andando em direção ao Nordeste brasileiro. Não sabia o que iríamos fazer, mas ao divisar uma casa humilde, pude perceber que nos aproximávamos de um Centro espírita. Fomos recebidos por um dos seus encarregados do plano espiritual. Adentramos. Sua simplicidade era visível — uma sala com algumas cadeiras, uma saleta que servia de secretaria, duas outras de trabalhos mediúnicos e dois banheiros. Na primeira sala, uma irmã explanava o Evangelho, e homens e mulheres humildes oravam em silêncio. Ali ficamos até o término da palestra. Ao se retirarem todos, o mentor da Casa nos mostrou todas as dependências.

— Pequeno, não? falei.

— Sim, Luiz, muito pequeno, mas aqui não precisamos de uma grande Casa. É um bairro pobre, onde tentamos falar de Deus pela voz da Doutrina. São irmãos nossos repletos de fé, porém, muito enraizados ainda a antigas crenças. Acham difícil abandonar as velas, as imagens, e aguardam ansiosamente os milagres.

— É mesmo? E como vocês procedem, uma vez que a Doutrina Espírita é contra tudo isso?

— Não, não é bem assim, Luiz Sérgio, a Doutrina não é contra nada. Sendo um facho de luz da verdade, não pode a ninguém iludir e sim esclarecer. Desejar mudar convicções através da crítica àqueles que se julgam certos longe ficamos da pureza doutrinária.

— Então eles freqüentam a Casa espírita, mas continuam acendendo as velhinhas, beijando as imagens, batizando filhos, casando-os na igreja católica?

— Muitos sim, outros já não necessitam mais disso. É bom que fique bem explicado que isso se dá com os recém-chegados, porém o grupo da Casa, possuindo conhecimento das obras básicas, não é levado a práticas alheias à Doutrina, como, por exemplo, ir transformando a Casa em local de quermesses, com rifas, jogos e rituais que fogem da simplicidade do Cristo. É o grupo que deve manter acesa a luz da Doutrina. Se entre os encarregados de uma Casa que se diz espírita, houver aqueles ainda apegados aos amuletos, às velas, às imagens, enfim, a tudo o que se distancia dos preceitos doutrinários, esses precisam de muito conhecimento ainda.

— E esses ainda existem, enfeitando as nossas fileiras?

— Ainda. Muitas vezes, infelizmente, por ignorar o valor do estudo. Graças a Deus, possuímos entre os encarnados bons trabalhadores, que não se preocupam com a quantidade e sim com a qualidade de um grupo mediúnico. Pouco a pouco, vamos doando alimento, porque com o estômago vazio é difícil aos carentes ouvirem falar de amor e de esperanças. Quem se dispõe a servir em uma Casa humilde, precisa primeiro desenvolver o coração; os braços devem estar sempre flexíveis ao abraço amigo e sincero. Não existe professor melhor do que o exemplo, diz sempre um grande amigo, e é verdade. Só mirando as belas ações, as nossas tornar-se-ão nobres.

— Então, os de dentro da Casa não podem apegar-se ao passado?

— Poder eles podem, se assim o desejarem, mas não estarão agindo com sinceridade. Admirar o Espiritismo não é compreender o valor do espírito e a Doutrina nos oferece muitas oportunidades para que isso venha a acontecer. Qualquer um de nós, pobres, ricos, sábios, humildes de conhecimentos, qualquer um pode e deve estudar a Doutrina, porque ela mostra ao homem o seu valor, dando-nos a certeza de que somos donos do nosso corpo quando fortalecemos nosso espírito através de atos dignos. Somos espíritos imortais, energia que se intensifica, se desejamos ser bons e puros, e que se enfraquece se teimamos em continuar orgulhosos e avaros. Essa energia ganhou vida nas mãos amorosas do Pai, que a conhece bem. Somente Ele pode destruí-la, mas jamais o fará por ser bom, justo e conhecedor das nossas limitações. Espera pacientemente que cada espírito desenvolva essa energia, tornando-a uma potência energética que nunca se extinguirá se praticarmos nobres atos. Será diminuta se não soubermos trabalhar para o bem. Apagar a chama energética, que é o nosso espírito, ninguém pode nem nós mesmos, só Deus; mas Ele nada destrói, porque é o Criador.

— Por isso o espírito não tem sexo? Energia pode ter forma?

— O espírito não tem sexo porque é energia viva. Possuindo inteligência, tem condição de dar forma ao corpo, necessário ao seu relacionamento com os outros espíritos. Encontramos no Evangelho Segundo o Espiritismo, no Capítulo III, Instruções dos Espíritos, Mundos Superiores e Inferiores, Item 9:

"Nos mundos que atingiram um grau superior de evolução, as condições da vida moral e material são muito diferentes das que encontramos na Terra. A forma dos corpos é sempre, como por toda parte, a humana, mas embelezada, aperfeiçoada e, sobretudo, purificada."

— Portanto, quem se propõe a elucidar seu semelhante tem de andar na linha, não é, irmão?

— Sim, em qualquer setor de trabalho o convidado precisa ser comedido, possuir um interior limpo, para exteriorizar somente o que for nobre. Sei que vais inquirir: mas se são todos ainda carentes de evolução, como podem então trabalhar? Essa é a razão pela qual não se deve construir Centros espíritas apenas por construir. Primeiro devem os irmãos se conscientizar de que estão aptos a trabalhar muito com poucos recursos, porque nos pede a Doutrina que não se sacrifiquem animais para angariar fundos nem que se promovam jogos de azar ou rifas, porque a Doutrina é o Cristianismo redivivo. Lembremos que Cristo foi contra a profanação do Templo; ostentando o chicote da verdade, derrubou uma tradição que tinha como certo lavar os altares com o sangue dos animais. Por que os espíritas que pregam a humildade, no momento em que desejam construir um templo, excedem-se na busca das moedas, caindo em erros passados, esquecendo que as Casas do Caminho eram humildes, mas repletas de corações abertos?

Quando o amigo terminou de nos mostrar a Casa simples e pobre, voltamos à sala onde havia sido realizada a preleção evangélica. Pudemos ainda ver uma mulher chorando, mas orando de joelhos e sendo atendida com amor por uma tarefeira que não irá obrigá-la a deixar as suas convicções religiosas, mas tudo fará para que Cristo viva em seu coração, como em muitos outros, desesperados ou não.

O encarregado da Casa, no plano espiritual, sorriu para mim, por ter captado meu pensamento.

— Irmãos, a luta é nobre, o caminho, ás vezes, difícil; todavia as pessoas que cruzam nossa frente são sementes que Cristo mais uma vez nos oferece para que cresçamos em espírito. Gostamos que tenham assistido aos nossos trabalhos mediúnicos. Voltem sempre.

Gumercindo apresentou as nossas despedidas e dali saímos. Deixávamos uma Casa espírita, em pleno sertão, cercada de árvores e adornada de rostos sofridos, mas com os corações repletos de esperanças.

CAPÍTULO XXI

O ÁLCOOL TAMBÉM MATA

— Estás pensativo, Luiz Sérgio, pode-se saber por quê?

— Nada. É que às vezes gosto de ficar calado; é uma terapia, Najii.

O amigo ia-se retirar. Detive-o.

— Sabe que aquele Centro humilde, onde os freqüentadores ainda misturam as coisas, tocou-me muito?

— Na verdade, Luiz Sérgio, recebemos uma bela lição de humildade dos amigos espirituais. Apesar de terem conhecimento doutrinário deficiente, eles ajudam. Quem sabe um dia todos irão praticar a Doutrina satisfatoriamente?

— É uma gente simples, lutando para servir bem. E em outros lugares, Najii, que os caras batem no peito e longe estão de terem aberto o coração?

— Meninos, vamos orar para melhor captarmos as orientações? interrompeu-nos Gumercindo.

Paramos e a oração foi o sol de que necessitávamos, fortalecendo-nos para novas caminhadas.

— Iremos agora a um local onde estão precisando muito de auxílio — disse-nos o orientador.

— Pensei que já voltaríamos para a nossa Colônia...

— Não, irmão, ainda não; ficaremos na Crosta mais alguns dias.

Continuei conversando com Gumercindo, até que nos aproximamos do lugar referido por ele. Pela vibração que era emitida, notamos que o desespero atingira os presentes; recinto repleto, todos choravam. Confesso que eu não sabia o que fazer, quando percebi que meus companheiros ofereciam fluidos reequilibrantes. Julguei que não tivesse condição, pois senti-me fraquejar ao presenciar tantas lágrimas. De repente, defrontei-me com Karina. A querida amiga ali se encontrava em auxílio àquela família. Ela me olhou firme, compreendeu e me chamou à realidade.

— Sérgio, controle-se. Estão precisando de você. Passado é passado.

Assim, fui auxiliando como podia. Ao aproximar-me do corpo sem vida de um jovem que havia sofrido um acidente, avaliei o trabalho dos nossos amigos encarregados desse desligamento, porquanto o espírito do jovem, em desespero, ainda permanecia junto ao corpo mutilado. Isso me intrigara. Procurei Karina para me explicar, mas ela nada me adiantou. Não foi preciso. Gumercindo, somente com o olhar, tudo revelou. Aquele jovem havia-se suicidado. Ingerindo bebida alcoólica em excesso, deu margem ao acidente que o arrebatou da carne. O espírito gemia muito; quanto mais os familiares gritavam, mais ele o fazia também. Notei uma velhinha que rezava em silêncio — como lhe fazia bem! — e juntei-me a ela, apesar de encarnada.

Mais tarde, interroguei:

— Gumercindo, o espírito deste jovem vai ser enterrado junto ao corpo?

— Se ele o desejar, sim.

— Meu Deus, o que podemos fazer?

— Nada, amigo, só o que estamos fazendo: orar.

Afastei-me daquele corpo para recobrar ânimo. Os familiares, os amigos choravam muito e cada lágrima e cada manifestação de dor aumentavam a angústia e o suplício do espírito do jovem.

— Gumercindo, ele é suicida inconsciente? Pode, então, ser enterrado junto ao corpo ou se ver liberto?

— Luiz Sérgio, não fiques impressionado com o estado do irmão, lembra-te de que Deus perdoa. Ele continuará sendo tratado, mesmo se não se desligar do corpo biológico. Terá toda proteção médica, trancafiado ou não no túmulo.

— Agora fico mais descansado! Não deve ser fácil, Gumercindo. É sofrimemto demais e ele é tão jovem!...

— ... nesta encarnação. Não te esqueças de que todos somos espíritos velhos.

Ficamos ali por largo tempo, acudindo a um e a outro. Cada encarnado que orava com fé, era um bálsamo para aquele espírito, porém, quando alguns sussurravam, falando mal de sua conduta, ele piorava, mostrando-nos o perigo de comparecermos nesses lugares apenas para cumprir um dever social. Levar os pêsames ao próximo é muito mais do que isso — é a ajuda espiritual, é amor. Portanto, em qualquer velório, as preces devem partir do coração porque é o momento em que o espírito desencarnado mais precisa de nós.

Se na parte física todos se encontravam cansados, os amigos espirituais estavam atentos a tudo, apesar do grande trabalho que realizavam. O espírito do jovem, ainda junto ao corpo físico ligado apenas pela mente, pela vontade de não largar o corpo — apesar de ter sido realizado o desligamento perispiritual — estava agora adormecido. Dei graças a Deus e ali fiquei conjecturando:

"Quanto tempo aquele jovem ainda teria na Terra?" E num instante vislumbrei o que seria a sua vida futura, se não houvesse se suicidado: formar-se, casar, constituir família. Enfim, ele viveria até os oitenta anos e ali jazia com apenas vinte, pesarosamente.

Procurei Gumercindo para tirar uma dúvida que me ocorrera.

— A programação relacionada a esse espírito, como será modificada?

— Essa a razão da culpa de um espírito suicida: ninguém tem o direito de ficar no meio do caminho somente porque se cansou ou tem medo de prosseguir. É muito egoísmo.

— E os outros que partilhariam de sua encarnação: a futura esposa, os filhos, como será agora?

— A vida no mundo físico, irmão, obedece a várias leis e uma delas é a da natureza. O relacionamento homem-mulher é muito sublime, mas não é o mais importante. Sei o que te preocupa: queres saber se a jovem que seria a esposa desse suicida ficará sem se casar. Juntos, teriam uma oportunidade de resgate, que seria logo adiante, porém a jovem pode bem constituir outra família, recebendo os filhos que seriam dos dois; mas esse é um assunto que foge ao nosso atual objetivo. Um dia tu terás oportunidade de grafá-lo no papel.

— Ainda bem que ela não será prejudicada.

— Só em parte, Sérgio, porque os dois tinham uma tarefa que será adiada, não te esqueças.

Olhei para aquele jovem com o corpo mutilado pelas ferragens, o cheiro do álcool e da droga exalando ao seu redor e pensei: "por que o espírito não é respeitado nos lares? Se todos os jovens conhecessem o valor do Espírito, não jogariam fora saúde, dignidade e vida.

Chegara o momento de o corpo descer à sepultura. Os pais, gritando muito, despertaram o espírito do filho, que tentava levantar-se sem o conseguir. Uma cena muito triste. Foi quando ouvimos uma melodia: alguém cantava, suavemente, pertinho dele, fazendo-o acalmar-se. Nada mais vimos. O nosso trabalho havia chegado ao fim. Ainda olhamos para trás, orando para que aquele espírito tivesse forças para conseguir sua libertação, e encontrar o seu jardim de esperanças.

oooOooo

— Félix, onde você se escondeu?

— Não me escondi, até que gostaria, mas este trabalho é muito sério e às vezes não me julgo digno dele.

— É verdade, amigo, a cada dia aumentam nossas responsabilidades. Hoje me vi diante da vida e da morte e posso dizer-lhe que dei graças a Deus por jamais haver morrido. As lágrimas dos meus não me ferem, ao contrário, curam-me as saudades e plantam muitas sementes neste jardim onde hoje me encontro: o jardim de Jesus.

CAPÍTULO XXII

REENCONTRO A TRÊS

Vendo-me acabrunhado, meus amigos tudo faziam para me ver feliz, mas a tristeza era muito viva em mim. Pensava o quanto era grave transgredir as leis, e o nosso amigo havia desrespeitado não só a lei do trânsito como a de Deus, que nos pede respeitemo-nos uns aos outros. Quem abusa dos vícios, foge dessa lei.

Gumercindo, aproximando-se de mim, disse:

— Luiz Sérgio, agora iremos a um lar onde alguém está precisando ser ajudado.

Nada falei; para que falar! Meu coração encontrava-se compungido pela tristeza. Quando chegamos ao lar daqueles que seriam assistidos por nós, notamos muito silêncio; pareceu-nos que não havia ninguém em casa. A caravana dirigiu-se até o quarto do casal, onde uma jovem gestante se encontrava prostrada, com os olhos cerrados, logo recebendo passe dos nossos amigos. Fiquei pensando: "por que viemos aqui?" Mas logo a resposta me chegou. Najii recebeu ordem de Gumercindo para ofertar fluidos e ao fazê-lo apareceram dois cordões fluídicos enrolando o ventre daquela senhora. Curioso fiquei, desejando tudo saber. Dois espíritos juntaram-se a nós e pudemos constatar serem familiares. Um deles, médico, conversou com Gumercindo, dizendo que Marlene precisava ajudar os dois espíritos reencarnantes, pois eles três, no passado, foram inimigos e agora relutavam em se reunir novamente. Marlene, desde que ficou ciente da gravidez, não pôde mais se alimentar a não ser de soro, existindo ali rejeição de fluidos. Apesar dos dois filhos e ela haverem aceito o reencarne, o ódio que os ligara no passado aflorava, principalmente nos dias e meses correspondentes àqueles em que os três se viram envolvidos em fatos que geraram rancores e contendas. O médico espiritual, que prestava assistência, colocou sobre o ventre de Marlene um pequeno aparelho, dando para perceber os miasmas pesados que envolviam os três.

— Vale a pena, Gumercindo, esse reencontro? inquiri.

— Já está valendo; eles estão sofrendo, mas lutando para serem felizes.

— Não entendi.

— Presta atenção, Sérgio, a irmã está em repouso e qualquer esforço acarreta complicações; ela deseja ter os filhos e estes, mesmo encontrando dificuldades com os fluidos maternos, quando pressentem que podem ter cortada a oportunidade de reencarnarem, empenham-se para que isso não ocorra.

O aparelho mostrava os dois fetos ainda bem pequenos, mas, ao prestar mais atenção, pude perceber que ali já não se entendiam muito bem.

— Estou certo, Gumercindo, eles também não se suportam?

— Infelizmente, estás certo. Os três foram inimigos ferrenhos no pretérito.

— Já imaginaram a guerra desses três, quando estiverem todos em terra firme?...

Félix riu gostosamente e a seguir ficou meio sem jeito, porque Gumercindo nada disse e, pela cara que fez, não achou graça nenhuma. Ainda desconcertados, vimos penetrar no quarto o médico encarnado de Marlene, que receitou muitos medicamentos, dizendo que não sabia o porquê do estado de sua paciente, se todos os exames estavam bons. Entretanto, se ela continuasse assim, seria forçado a interná-la.

O médico espiritual Mário, chegando para Gumercindo, falou:

— Pretendo encaminhá-la a um tratamento específico para gestantes em uma Casa espírita. Somente recebendo passes e água magnetizada serão ajudados; caso contrário, receio que terão de esperar novas oportunidades.

— Irmão, esses trabalhos para as gestantes nos Centros espíritas são para estes casos?

— Não somente para estes. Os tratamentos são muito mais nobres do que podemos imaginar; eles fortalecem o elo dos espíritos reencarnantes com os pais e dão ao Departamento da Reencarnação as condições de operarem na Crosta como um pronto-socorro. A gestante que é orientada por um grupo bem equilibrado muito está fazendo para o filho e para ela. Como este caso que estamos presenciando: eles estão intoxicados pelos miasmas da vingança e do ódio. Ouvindo Evangelho, recebendo passes e tratamento espiritual, melhor compreenderão o valor da vida física.

— Luiz, você e Najii vão ficar encarregados de tentarem levar esta irmã até um Centro — avisou Gumercindo.

Fitando a doente, notei que ela ia dar trabalho, mas, sacudi a cabeça com determinação e pensei: "Deus é Pai, vai-nos ajudar". Nem acabara de pensar, a irmã entrou em crise de vômitos, chorando muito. Os dois irmãos, como se estivessem asfixiados, esperneavam e se contorciam, tornando-se uma bola, alterando todo o sistema nervoso da mãe. Fizemos uma corrente de amor para acalmá-los e Marlene alegrou-se, porque a crise fora passageira.

— Precisamos levar rápido esses três até um Centro! exclamei.

— Precisamos — concordaram Najii e Félix.

Fomos convidados a nos retirar. Deixamos os três dormindo, pois precisavam de descanso. Os passes os haviam serenado, sabíamos que temporariamente, mas um grupo especializado nesse trabalho iria nos auxiliar. Oramos para que isso viesse a acontecer.

Quanta coisa ainda o homem desconhece! Quantos casos há que avós, pais, parentes, relutam em acreditar — um frágil bebê já possuindo um espírito velho! Muitos ainda ignoram a força da reencarnação. A cada dia a porta da vida se abre para novas chegadas e novas partidas e em cada uma delas existe uma conta a ser saldada. Essa é a verdade, infelizmente, muitos não querem aceitá-la.

CAPÍTULO XXIII

ORIENTAÇÃO ÀS GESTANTES

Sabíamos que aquele lar iria precisar, e muito, de ajuda, mas fomos chamados por Gumercindo a outras tarefas.

— Luiz Sérgio, mesmo recebendo aulas num grupo espírita, teremos de intuir a irmã ou alguém da família para um trabalho que preste assistência às gestantes.

— É o que farei, amigo, com todo prazer. Considero a volta à Terra, uma dádiva tão grande que nada deverá dificultá-la: se temos condição de colaborar, por que deixarmos passar a oportunidade? Só uma coisa eu não entendi: então os enjôos são por imcompatibilidade de fluidos?

— Sim, muitas vezes. Todavia, este caso se nos apresenta mais sério por serem espíritos inimigos. O enjôo simples é devido normalmente ao fato de uma outra personalidade fundir-se à da mãe, por isso, inúmeras vezes rejeita um determinado alimento que em estado normal aprecia e, ao comer, sente náuseas. Ela gosta, mas o espírito que ela abriga não o aceita, podendo ocorrer o inverso. Até chegarem a um acordo, sofrem um pouco. Umas ficam nesse processo no máximo três meses, contudo presenciamos casos em que a mulher sofre durante toda a gestação.

Nem preciso dizer a vocês como fiquei pasmado ao ouvir tal narrativa e pensei: "será que a Zildinha teve enjôo quando me esperava? Acho que não." Sorri, sendo percebido pelos amigos. Gumercindo logo esclareceu:

— Não é demérito a mulher enjoar. É um estado passageiro que ela, possuindo força mental, superará como se fosse uma adaptação. Não é raro algumas nada sentirem. Tornamos a repetir: os grupos de orientação a gestantes devem merecer de nós todo respeito e amor.

— Félix, sinto-me feliz de acompanhar este caso. Dia após dia, constatar a aproximação dos pais com o filho que vai chegar deve ser gratificante!

— Não se iluda, Sérgio, não é tão fácil como pensa.

Virei-me, para melhor ouvir Gumercindo, e perguntei:

— Por quê, irmão?

— A mulher, muitas vezes julgando que o seu bebê não sofre com os seus vícios, ingere bebidas alcoólicas, e traga cigarros, fazendo o bebê sofrer muito. Tudo isso vocês presenciarão e terão de isolar o espírito, dando a ele condição de vida.

— Por que os médicos não proíbem isso às gestantes, alertando-as do perigo para o bebê?

— Em geral o fazem, porém, o vício às vezes as domina de tal forma que não conseguem abandoná-lo.

Fiquei pensativo, observando Marlene a ressonar, e pedi a Deus força para intuí-la a procurar uma Casa espírita.

— Gumercindo, preciso consultar alguém, procurar uma amiga ou um parente espírita para nos ajudar?

Ele nada respondeu, saindo devagar, e nós o acompanhamos com a certeza de que, no coração em que mora o amor, as realizações são vitoriosas. Assobiei uma canção, coloquei as mãos nos ombros dos meus amigos Najii e Félix e ganhamos outra dimensão de trabalho.

CAPÍTULO XXIV

NEM TUDO DEVE SER DITO

Muitos julgam que um Centro espírita só atende desencarnado ou pode resolver problemas materiais. Ainda existem preconceitos contra o Espiritismo, por ignorarem a beleza dos trabalhos realizados nas Casas espíritas. Encontrava-me ainda meditando sobre isso, quando Félix me falou:

— Sérgio, quem desconhece a Doutrina, ainda vá lá, mas conhecemos muitos que se dizem espíritas e não desejam estudar para servir. Ignoram qualquer movimento da Casa que freqüentam, negando ajudá-la quando chamados, alegando falta de tempo. Os seareiros de uma Casa espírita prestam muita ajuda aos que dela se aproximam; não é justo colocarmos nos ombros de nossos amigos a cruz que nos pertence, não é mesmo?

— Eu, às vezes, me assusto com os pedidos a mim dirigidos. Sinto-me envergonhado, principalmente porque a mentora dos nossos trabalhos na Crosta orienta-nos para o perigo de nos tornarmos adorados. Ela sempre nos elucida a darmos aos encarnados as mãos, para apresentá-los a Jesus, porque se o nosso coração ficar repleto de líderes de lá expulsaremos o Senhor. Aqueles que transferem as responsabilidades para o Espírito da sua preferência, está-se esquecendo do grande Amigo. Se o admirador da Doutrina procurar uma Casa espírita para servir ao próximo e estudar, jamais incorrerá em tais erros: o de venerar espíritos que longe estão ainda da santidade. O trabalho de auxílio às gestantes, por exemplo, é muito digno e tem ajudado bastante o departamento reencarnatório. Pergunto eu: este trabalho não deveria ser estendido a vários Centros? Todos os que estudam a reencarnação conhecem a luta dos mensageiros para unir inimigos ferrenhos e, se encontrar na Crosta um grupo harmonioso, o êxito poderá ser total. Os médiuns desses grupos precisam de muita humildade, não é verdade?

— Não só desses, mas em todos. A humildade é a alavanca que dá forças para os médiuns permanecerem de pé. Esses medianeiros, por terem um contato com as gestantes, precisam aprender a dominar a língua. Gostamos muito de ler na Epístola de Paulo a Tiago, o Capítulo III, versículos 7 e 8, onde está escrito que o homem é capaz de dominar todas as criaturas e tem dominado os animais selvagens, pássaros, bichos que se arrastam, peixes, mas ninguém ainda foi capaz de dominar a língua. Sim, encontramos nobres criaturas ainda com a dificuldade de dominar a língua; e o médium deve policiar suas palavras. Não é prudente nem sábio dar uma de profeta ou de médico; muitas vezes uma mulher gestante está com os nervos em frangalhos e deturpa as palavras, principalmente se estas fogem de conceito evangélico. Os médiuns desses grupos devem evitar conversas relativas ao estado de cada paciente, deixando isso a cargo dos dirigentes. E estes devem estar bem equilibrados, renunciando a cada instante, para bem servir.

— Esses dias, visitando um grupo assim, presenciamos um médium dizendo à gestante que ela deveria amar o filho, porque foram inimigos no passado. Acha certo?

— Deus concedeu a cada criatura o esquecimento do passado; o homem não tem o direito de brincar com os sentimentos do seu próximo. A Doutrina Espírita não é um reduto de pitonisas e profetas. Para Jesus ela é um Jardim de Esperanças, onde Ele, o Jardineiro, permitiu que uma plêiade de espíritos ajudasse Kardec, que, possuindo uma fé raciocinada, o regou com a água da sabedoria e da humildade.

oooOooo

Ainda olhei para trás. Vários irmãos humildes e cansados iam tomar a condução que os levaria para seus lares. Agradeci a Deus por todos os trabalhadores dedicados que prestam assistência em uma Casa espírita, apenas pelo dever de servir.

— Luiz, parece-me exausto. Já imaginaste o trabalho que damos cada vez que voltamos à carne? Nem gostamos de parar para pensar nisso, não é mesmo?

— É verdade, se o homem desse valor a si próprio, melhor compreenderia a vida. Infelizmente, ele se acha importante pelo cargo que ocupa e não porque é uma centelha divina, por Deus presenteado com a vida.

Apalpei-me e me senti a mais feliz das criaturas, por me conscientizar e compreender que não vim do nada e sim do Todo-Poderoso e que jamais ao nada retornarei, porque Deus é o nosso Pai.

Cerrei os olhos e divisei Maria, a mãe de toda a Humanidade, e em Seus braços entreguei-me para encontrar a paz.

CAPÍTULO XXV

A IMPORTÂNCIA DO LIVRO ESPÍRITA

Considero-me muito feliz por ter reencontrado um dia este mundo onde no momento estou. Observando os companheiros que acompanho, recordei-me de tantos outros que me são caros; quantas oportunidades nos são oferecidas por Deus! Cada olhar que se cruza são vidas que se reencontram. Enlacei o ombro de Gumercindo e ele me sorriu, porque é meu amigo.

— Sérgio, agora vamos a uma casa onde o teu nome é pronunciado a todo instante.

Pensei: "vem coisa!"

Ele imediatamente ponderou:

— Irmão, para subirmos, sempre encontramos o primeiro degrau; todavia não é justo deixarmos de galgá-lo por não buscarmos as forças no Evangelho, ficando apegados ao que achamos mais fácil.

Quando chegamos ao referido lar, nada de estranho notamos, mas, ao retornarem os familiares ausentes, o ambiente foi ficando cada vez mais tenso, pois ninguém se entendia. Todos denotavam insatisfação e, à medida que desejavam corrigir uns aos outros, palavras duras eram pronunciadas.

Os meus amigos apenas observavam. Em dado momento, ouvimos uma jovem dizer:

— Mamãe, sabe que vai ser lançado outro livro de Luiz Sérgio?

A senhora, de olhar triste, nada falou, "naquele momento não estava interessada em nada" — assim pensei, mas quando a turma terminou de almoçar, ela procurou a filha para melhor informar-se sobre o livro a sair, pedindo que não deixasse de avisá-la. Confesso que nada compreendia. "Será que aquela família era espírita?"

— Por que vimos até aqui? indaguei a Gumercindo.

— Sérgio, esta família sempre admirou o Espiritismo e, como esta senhora conhece teus pais, tem por ti muito carinho. Todos os teus livros são lidos pela família, mas ficam só na leitura. Dizem-se espíritas, mas nada querem com a Doutrina; caridade é palavra pronunciada às vezes, assim mesmo por orgulho. Doar algo para o próximo é muito difícil, porque nada desejam ceder nem aos da própria família.

— Perdoe, Gumercindo, mas, então, o que podemos fazer?

— Espero, Luiz, que sempre procures esta família que muito te quer bem e faças com que ela encontre, através dos teus livros, únicos ainda lidos, o caminho do Senhor. Para alguns o teu linguajar é muito pobre, mas encontra muito boa vontade na maioria dos leitores. O teu modo de ser, sem ares de santo, oferece a cada pecador a esperança de um dia encontrar o mundo em que hoje vives. Alguns, às vezes, acham-te por demais infantil; outros te preferem menos humilde, mas nós, os teus amigos, queremos-te como és: verdadeiro e corajoso, lutando para dar àqueles que ficaram a certeza de que todos temos condição de trabalhar para o bem do próximo, em qualquer plano de vida.

— Gumercindo, pelas imagens que enfeitam a casa, vejo que são católicos.

— Dizem que são espíritas. A mãe era seguidora da Doutrina antes de se casar. O marido, adversário do Espiritismo, nunca permitiu que ela prosseguisse. Muitas vezes, às escondidas, procurava o Centro para receber passes. Os filhos foram criados sem religião; o pai, dizendo-se católico, ficava longe das igrejas e dos padres. Por sinal, Sérgio, também vemos muitos desses casos na Doutrina, aqueles que se dizem espíritas, mas não gostam de Centros espíritas, de médium e de espíritos.

— É mesmo, Gumercindo, e por quê?

— Porque em uma casa de oração encontramos famintos de amor e pão, trabalho e caridade, e esses preferem ficar bem distantes disso tudo. Mas, como eu ia dizendo, o chefe da família tudo proibia e os filhos cresceram, convivendo com a mãe, apreciadora da Doutrina, mas vendo o pai, bem materialista, lesando o próximo, afundando-se na bebida, no cigarro e fugindo do dever de chefe de família. Mas eles estão melhorando e graças à tua amizade, Sérgio. Hoje já conversam sobre a morte, sobre a reencarnação, procuram doar alguma coisa, não importa se são roupas velhas, o fato é que começam a se preocupar com os seus semelhantes.

— Como podem, Gumercindo, as pessoas ser tão avaras? Será que elas não sabem que um dia terão de deixar tudo aqui no plano físico e que ninguém sabe o dia da partida? Por que tanto orgulho e indiferença?

— Sérgio, o homem condicionou a sua vida nas suas conquistas e cresce ouvindo do Pai: "precisas estudar, progredir, para seres um grande homem!" Portanto, ninguém é elucidado para as realidades espirituais. Mesmo nos lares espíritas, o conceito de felicidade foge das verdades evangélicas.

Acerquei-me daquela mãe de família. Quando o marido e os filhos voltaram ao trabalho, procurou um livro espírita para ler, o que antes fazia escondido. Hoje, graças a Deus, já lhe permitem fazê-lo livremente. Sentindo minha presença, falou num sussurro:

— Oh, Luiz Sérgio, ajuda o meu marido a acreditar nos espíritos, ajuda os meus filhos a ficarem bonzinhos e a se amarem, ajuda-me a ter forças para levar minha cruz até o fim!

Acariciei os seus cabelos e orei a Deus para me auxiliar, assim como a todos aqueles que possuem um pequeno trabalho na Doutrina Espírita, para que nós sejamos a carta viva de Cristo, junto àqueles de pouca fé.

CAPÍTULO XXVI

A VIDA NÃO SÃO MOMENTOS

Demoramos pouco naquele lar, o tempo suficiente para intuir os seus ocupantes sobre o valor do culto cristão no lar. Não podemos dizer que foi fácil, tivemos de influir sobre uma médium, nossa conhecida, para iniciar os primeiros cultos. Enquanto a nossa amiga os ajudava, toda a família participava, mas, quando deixou que seguissem sozinhos, em pouco tempo restou apenas a minha amiga, porque todos encontravam motivos para se verem longe do banquete de Jesus. Um dia, lá voltando, confesso que emocionado fiquei ao presenciar a irmã orando sozinha; seus familiares, ocupados com a vida física, não encontravam tempo para orar a Deus. Quando se aperceberem será tarde, Jesus estará longe, pois eles O haverão expulsado do lar. Só a irmã terá passado pela porta estreita e, ao dela recordarem-se, lastimar-se-ão pelo tempo em que a deixaram sozinha, orando por todos.

— Gumercindo, muitos fazem o culto cristão sozinhos e podemos constatar que as mulheres lutam muito mais.

— Luiz Sérgio, no ínicio, quando aqui viemos, notamos que não estavas compreendendo o porquê da nossa visita em um lar amigo onde os espíritos são apenas admirados, encontrando-se ainda sem rumo, muitas vezes misturando tudo. Sabe, irmão, tenho fé de que pouco a pouco eles se chegarão. Ninguém resiste ao chamamento de um culto cristão no lar por muito tempo. Esses dias, Sérgio, assistimos a uma pregação sobre os espíritos que, mesmo freqüentando o Centro de segunda a segunda, não conseguem levar a família à mesa do Evangelho. Os filhos adolescentes sentem-se envergonhados de se dizerem espíritas. A palestra tratava muito bem desse assunto; a maioria, não desejando contrariar a família, vai respeitando o livre arbítrio. Outros, fazendo pressão, também afastam os familiares. E quando desejarem, não vai ser fácil, porque já se acostumaram a pedir que os pais, ou só a mãe, rezem para que eles consigam passar no vestibular, arrranjar emprego, sair de sérias confusões, enfim, lembrando-se dos espíritos apenas de vez em quando. Mas a Doutrina Espírita não é só isso, é uma reforma de vida, é o respeito muito grande às leis de Deus, é um trabalho constante em favor do próximo, é uma vida de renúncia e de dignidade, onde os vícios vão gradativamente ficando para trás.

— Como deve proceder uma família quando alguém nada deseja com a religião? Deixá-la à própria sorte, Gumercindo?

— Todo aquele que abraça o Evangelho como opção de vida vai aos poucos tornando-se uma página viva dos ensinamentos do Cristo e, como diz Ocaj, "ninguém fica indiferente àqueles que oferecem amor". Todavia, se carregamos o Evangelho nas mãos, apenas isso, quem nos rodeia não terá interesse em folheá-lo, tornando-se difícil mostrar-lhe a beleza da vida messiânica de Jesus. Os espíritas devem tentar dar aos filhos exemplos de equilíbrio e de amor, vivendo o que pregam, porque os jovens são muito observadores. Se os pais ficam a falar da caridade e lhes negam o diálogo franco, sem caridade com os empregados, dificilmente procurarão segui-los.

— Mas Jesus mesmo disse: "Não vim trazer a paz, mas a espada; porque vim separar o filho de seu pai, e a filha de sua mãe, e a nora de sua sogra; e os inimigos do homem serão os seus próprios domésticos." (Mateus, Capítulo X, versículos 34-36).

— E isso tudo acontece porque ninguém quer ceder, pensando ganhar. Quando um deseja seguir o Evangelho e aos poucos vai tornando-se humilde, é explorado pela família, e sua bondade comentada e criticada como se ele fosse anormal. Entretanto, se uma família no início da vida conjugal, prepara o lar com Cristo, dificilmente terá filhos-problemas; as crianças, sendo apresentadas ao Senhor, com Ele aprenderão a ser mansas, misericordiosas e puras de coração. Muitos pais encontram a Doutrina já adultos e sofridos, e almejam, de uma hora para outra, mudar a família, que, acostumada ao vício, à vaidade e ao orgulho, reluta em deixar para trás aquilo que considera certo, habituada a só desejar, mesmo que esteja lesando alguém. É muito justo os novos discípulos quererem salvar as pessoas amadas, mas que o façam através do respeito ao próximo, porquanto ninguém gosta de se sentir pressionado. Percebendo a nossa transformação, aqueles que convivem conosco vão paulatinamente seguindo alguma coisa. Dar ares de santo, apenas porque encontrou Jesus, mas criticando e intervindo no livre arbítrio dos outros, longe está do Mestre. Ele nos deixou a lição: não se defendeu porque teria de acusar. Depois não devemos atirar pérolas aos porcos (Mateus, Capítulo VII, versículo 6). Esta parábola bem serve para todos nós. Muitas vezes, neglicenciamos as coisas do espírito e, ao sermos despertados, desejamos que os outros compreendam de pronto o que levamos anos e anos a aceitar.

Hoje os jovens espíritas devem tudo fazer para iniciarem a vida conjugal alicerçada no Evangelho; assim, não terão a tristeza de haverem chegado à fonte e não terem sabido aproveitar. Os sonhos são belos, mas as realidades muito mais, se soubermos viver em verdade. A vida não é constituída só de momentos, mas um momento sem Cristo pode nos adormecer na vida. O Espiritismo nos coloca frente à frente com a realidade; muitas religiões desconhecem o valor do espírito como chama eterna, e os incautos, dizendo aproveitar a vida, vão lentamente enfraquecendo com atos indignos esta chama, afastando-se cada vez mais do Pai. E quando desencarnam, as forças faltam para se locomoverem como espíritos livres; os desregramentos lhes debilitam a casa mental que, em total desequilíbrio, forma o purgatório ou o inferno, de onde freqüentemente nem se esforçam para de lá sair. Outros que, apegados aos bens terrenos, fogem de Deus — porque Ele nos convida ao amor e quem ama muito reparte — desejam ficar inertes no túmulo, longe do trabalho de ajuda ao próximo. A Doutrina Espírita, chamada por alguns fanáticos de doutrina demoníaca, faz o descrente defrontar-se com a verdade. Os livros doutrinários ensinam-nos a nos modificarmos para melhor, perdoando, amando e trabalhando para a felicidade e o bem-estar do próximo. Os espíritas não desencarnarão julgando-se os escolhidos, porque aprendem que cada um recebe conforme as suas obras e todos nós bem sabemos o que plantamos.

— Gumercindo, muitos dizem que o espírita é masoquista, que ele gosta de sofrer.

— Não, Luiz Sérgio, ele não gosta do sofrimento, ele aceita cada lição, mesmo a amarga, como um remédio para o seu espírito, enquanto outros irmãos se desesperam e blasfemam, por desconhecerem que estamos aqui de passagem e por isso temos obrigação de procurar, na fé, a força e as esperanças em Deus. Quando o homem compreender que só o espírito deve ser livre, não será tão prisioneiro das próprias vontades.

Gumercindo calou-se. Jacinto foi-se aproximando, assim como os outros. Eu, muito feliz por ter amigos, fitei-os como Jesus procedeu com os apóstolos: com um olhar de amigo.

CAPÍTULO XXVII

O VALOR DO APRENDIZADO

Entretidos com o nosso irmão, nem percebemos que havíamos chegado a uma Casa espírita. Najii, ao meu lado, parecia bem interessado na conversa:

— Gumercindo, então espírita sem Evangelho não é espírita?

— Quem estuda sabe que a Doutrina é o Evangelho redivivo e que cada um de nós, quando nos propomos a seguir o Espiritismo, tornamo-nos os trabalhadores da última hora.

— Percebo que vários adeptos gostam de se considerar bons espíritas pelos anos de Doutrina. O que acha disso?

— Antiguidade não vem a ser qualidade. Se o irmão só se diz espírita, longe está de ser um bom colaborador. Não adianta batermos no peito, considerando-nos tarefeiros, se ainda somos indiferentes às necessidades da Casa que freqüentamos, lá comparecendo apenas para receber. Os trabalhadores da última hora são todos aqueles que, ao pegarem na charrua, são movidos apenas pela Caridade! "Felizes serão os que houverem dito a seus irmãos: Trabalhemos juntos, unamos os nossos esforços, a fim de que o Senhor, na sua vinda, encontre a obra acabada, porque a esses o Senhor dirá: Vinde a mim, vós que sois os bons servidores, vós que soubestes calar os vossos melindres e as vossas discórdias, para que a obra não sofresse." ("Evangelho Segundo o Espiritismo", Capítulo XX).

Em silêncio, fomos entrando no Centro, por sinal bem movimentado. Encontramos vários irmãos, médiuns da Casa, fumando no pátio, muitos deles dando gostosas gargalhadas. Jacinto orava baixinho e fizemos o mesmo. Levados fomos à presença do dirigente espiritual, uma entidade muito humilde, que nos atendeu com muito amor e respeito.

— Irmão Gumercindo, ficamos satisfeitos por sermos brindados com a visita de todos vocês em nossa humilde Casa, onde os irmãos assistirão aos nossos trabalhos.

A cena do pátio não me saía da mente. Curioso, eu a tudo observava, mas não encontrava momento de efetuar as perguntas. Dirigimo-nos à sala onde seriam realizados os trabalhos e lá, em total silêncio, orávamos, quando foram chegando os médiuns ainda rindo e conversando sobre seus assuntos cotidianos. Percebemos que o dirigente encarnado não fechava a porta e que, mesmo iniciados os trabalhos, ainda chegavam os retardatários. Consultei o tempo e verifiquei que um certo irmão entrava na sala faltando apenas quinze minutos para o término da reunião. Outros entravam e saíam à hora que desejavam — uns para fumar, para ir ao banheiro ou tomar água. Pareciam acostumados com tal procedimento, mas eu irrequieto me encontrava. "Meu Deus, quanta indisciplina! Quanta falta de caridade com espíritos que tanto precisam!" Sentia-me até revoltado, quando Jacinto me alertou:

— Irmão, estás sendo um deles, não estás integrado ao grupo de trabalho. Ao ficar criticando os outros, falhas no teu dever, que é te manteres ligado ao Alto.

Nada disse. Procurei me equilibrar, porém, quando da sala saímos, não agüentei e indaguei a Gumercindo:

— Por que a Espiritualidade desta Casa permite a indisciplina desses médiuns? Não estudam os livros básicos da Doutrina?

— Cada ser é governador do seu mundo interior. Não podemos exigir santidade daqueles que longe ainda se encontram da reforma íntima. Vindo até aqui, já estão fazendo alguma coisa. Esperamos pacientemente e oramos cada vez mais, para que venham um dia a se sentar à mesa, não só perfumados, limpos e bem vestidos, mas também limpos por dentro, sem terem comido carne, o coração sem mágoas, sem estarem intoxicados de álcool e fumo. Até lá, temos de amá-los, tratá-los como os doentes que Cristo nos recomendou (Mateus, Capítulo IX, versículos 10-12). Se desejarmos mudá-los de uma hora para outra, podem ficar magoados e tudo abandonar.

— Irmão, e se o dirigente pedir para estudar um livro que elucide sobre o valor do médium com Jesus, ele não perceberá o quanto é desagradável um médium sem disciplina?

— Luiz Sérgio, você também esqueceu de examinar o esforço que faziam os dois dirigentes — o desencarnado e o encarnado — para fazê-los estudar o livro sobre comportamento mediúnico. Estamos mais atentos aos erros do que aos acertos.

— Perdoa-me. É que eu me assustei muito, acostumado a trabalhar em Casas onde o médium passa por uma triagem de estudo, onde a Casa pede silêncio e abstenção do fumo, onde os horários são obedecidos, e me vi assombrado. Imaginei que todos os Centros estudassem os livros básicos e os colocassem em prática. Por sinal, existem livros ótimos sobre comportamento mediúnico e penso que só quem não deseja evoluir os ignora.

— Por isso vimos até aqui. Em muitos lugares ainda o Espiritismo é mal compreendido e a mediunidade indisciplinada. Mesmo não havendo livraria espírita no local onde vivemos, devemos procurar adquirir o "Evangelho Segundo o Espiritismo" e o "Livro dos Espíritos", assim, estaremos lutando para nos tornarmos bons espíritas.

Observando a fila para o passe, notamos que vários médiuns, que se encontravam no pátio fumando, jogaram os tocos na porta da cabine ao se dirigirem para a aplicação dos passes. Nada falei, pois ali percebi como é grande a luta dos espíritos e que muitos precisam aprender para bem trabalhar na crosta da Terra; que, ao nos depararmos com médiuns ainda indisciplinados, que comparecem à mesa mediúnica com o estômago repleto de carne, enfeitados de jóias e cheirando a cigarros, devemos orar aos seus mentores para que eles tenham forças e ajudem seus tutelados a crescerem espiritualmente. E tenho fé que um dia ainda voltarei a esta Casa espírita do interior do Brasil, onde hoje se pratica um Espiritismo muito longe dos conhecimentos evangélicos, mas que pouco a pouco irá compreender que, para nos tornarmos bons espíritas, precisamos exercitar a caridade e uma delas é com o nosso próprio espírito, banhando-o de humildade. Enquanto ficarmos a justificar nossos erros e nossas necessidades, longe estaremos da ação de servir. Ocaj sempre nos diz que "plenamente feliz é somente aquele que voluntariamente luta pela felicidade do próximo. No dia em que cada ser — seja ele encarnado ou não — voluntariamente se escravizar, será plenamente livre."

Após orarmos, fomos saindo bem devagar. Antes, abraçamos os trabalhadores espirituais daquela Casa, mensageiros do Cristo, que tudo fazem para curar os doentes, com uma fé imensa de que amanhã tudo ali será um jardim de esperanças.

CAPÍTULO XXVIII

PARA SER DIGNO DE VESTIR A TÚNICA DA HUMILDADE

Permanecíamos há vários dias na Crosta e muitas Casas espíritas eram por nós visitadas. Sentia-me muito feliz em poder transmitir aos meus amigos o que venho recebendo em aprendizado. Ao sairmos daquele Centro Espírita, afastei-me dos outros companheiros por estar precisando ficar só. Fui andando e olhava para os lados, para cima e para baixo; encontrava várias pessoas e carinhosamente as cumprimentava, mas elas, encarnadas, nem percebiam minha presença. Apalpei-me, sentindo-me bem vivo e sorri, ao pensar no Deus poderoso, que dá ao homem a vida, mas nega-lhe o direito de brincar com ela. Para viver bem, temos de ir, sutilmente, descobrindo toda a grandeza do Universo. Se o homem tivesse o poder de reter o espírito no corpo físico, de acordo como as suas possibilidades monetárias, seria ainda mais ganancioso e orgulhoso. Deus, por nos conhecer muito bem, deixa que desenvolvamos a nossa inteligência e, graças ao perdão divino, nascemos e renascemos, até atingirmos a liberdade eterna. Até lá, vamos descobrindo o mundo maravilhoso do espírito. Todos os encarnados já foram apresentados à morte, mas nem gostam de pensar nisso, porque ainda relutam em aceitar a vida. Uns querem imaginar que tudo se encerra em um túmulo; outros desejam desesperadamente crer que além da vida existe vida. O meu corpo perispiritual se assemelha a outro que devolvi à terra, porém mais real; ele não esconde absolutamente nada. Se no corpo físico a roupa bem talhada, a maneira educada de tratar os outros dava-me condição de ser um cidadão, aqui luto para me apresentar dignamente vestido com a túnica da humildade. No entanto, somente a conseguirei fazendo-me o menor dos servos. Ainda preciso empenhar-me muito, mas creio na força de Deus. Se Ele me criou, jamais me deixará órfão.

— Já terminou de tudo examinar, Sérgio? falou-me Jacinto.

— Sim, meu camarada, tudo OK. Perdoa-me se me distanciei de vocês, precisava pensar... pensar.

Jacinto nada acrescentou. Os amigos sabem quando devem calar. Aproximando-me dos outros, notei a falta de Gumercindo e, sendo ele o nosso orientador, estranhei. Fui então informado por Najii que ele se afastara para conversar com o dirigente espiritual do Centro.

— Sérgio, andas meio tristonho, o que está acontecendo? indagou Najii.

— Nada, amigo, encontro-me meio confuso diante de tantos fatos presenciados, mas, dada a minha ignorância, Jesus me socorre.

Najii nada acrescentou, pois Gumercindo voltara.

— Bem, amigos, já tivemos várias aulas. Está chegando o momento de voltarmos para casa.

Não sei por quê, mas o meu coração ficou repleto de alegria, o que foi percebido pelos amigos, que logo indagaram:

— Por que essa pressa de voltar?

Meio sem jeito, falei:

— Estou cansado de me sentir encarnado.

Todos riram. Félix concluiu:

— Tens razão, a gente até julga ainda estar no corpo físico, tamanho o nosso envolvimento com eles.

Gumercindo nos convidou a uma nova visita e assim chegamos a um outro Centro. Era uma casa humilde, mas a limpeza ali imperava. Divisamos alguns bancos em seu salão muito pequeno, onde nos aconchegamos em prece. As pessoas oravam, aguardando a palestra e, quando esta iniciou, completo silêncio se fez no recinto. Pudemos perceber os amigos espirituais ministrando passes na assistência. Tínhamos a impressão de que ali era um hospital de amor, tal o desvelo dos seus trabalhadores, principalmente para com os desditosos que ali se encontravam. O orador, muito bem orientado, explanava sobre o comportamento espírita, o valor do homem na sociedade e o esforço que devemos fazer para deixar para trás os apegos materiais. Todos prestavam muita atenção e notamos que o orador não amedrontava a assistência falando sobre umbral ou castigos: transmitia confiança no futuro e não medo, difluindo paz e esperança, dando-nos a certeza da grandeza de Deus, um Pai bom e amigo. Eu pensei: "é importante saber como falar". Muitos julgam que a ameaça conquista adeptos, esquecendo-se de que jamais Jesus tentou intimidar. Só o amor transforma as criaturas. Se o explanador não souber se fazer bem-entendido, acarretará problemas sérios para espíritos fracos que, amedrontados, temerão o umbral e os obsessores. O Espiritismo tem de ser conhecido como a Doutrina da Esperança, porque nada tem de cavernoso; é a mão de Jesus, estendida até nós.

Imaginávamos que dali voltaríamos para casa, mas fomos convidados para assistir a uma reunião mediúnica. Na sala, dez médiuns conversavam sobre a Doutrina. Estudavam o "Livro dos Espíritos" e cada um fazia seu comentário. Notamos que aqueles medianeiros cientes se encontravam do dever de servir. Iniciados os trabalhos, todos vibraram em prol de encarnados e desencarnados. Que valor tem aquele que sabe tornar-se humilde! Não houve incorporação, no entanto, vários espíritos foram socorridos.

Notei que os médiuns recebiam uma luz translúcida na fronte e perguntei a Gumercindo a razão.

— Eles são considerados campos energéticos, com os quais os amigos espirituais podem contar sempre. Mas muitos deles julgam que nada fazem, porque os dirigentes de grupo não falam sobre o valor desses humildes trabalhadores do Cristo.

— E nós sabemos que muitos abandonam um grupo por se considerarem inúteis...

— Não, Luiz, eles o abandonam por não quererem servir em silêncio, desejando uma mediunidade mais ostensiva.

— Mas mediunidade não é profissão!

— Tens razão, mas infelizmente ainda é muito malinterpretada.

Saímos daquela sala bem confortados e fomos levados a outro grupo. Todos os médiuns, muito bem comportados, nem falavam entre si; pude perceber que poucos se relacionavam como amigos, ninguém conhecia ninguém. Como não podiam conversar, não procuravam fazer amizade. Uma disciplina muito rígida, imposta pela dirigente. Confesso que apreciei o silêncio, porém, mal começaram os trabalhos, os médiuns gritavam tanto que quase assustavam os espíritos. Notei então que a maioria era médium consciente. Bastava a entidade sofredora aproximar-se de algum e este rosnava, contorcia-se e gritava. Encerrada a reunião não me contive e perguntei a Jacinto:

— Isto é certo? Muitas vezes estava nítido que a entidade apenas sofria.

— Luiz, não esqueça que todos nós somos doentes, que a Doutrina é um imenso hospital, tentando curar encarnados e desencarnados.

Ainda relutei:

— E o estudo? O médium não tem por obrigação se controlar?

Ninguém me respondeu e espero jamais me esquecer

das palavras de Jacinto: "Bendito hospital que aos poucos nos cura da vaidade".

Retiramo-nos pensativos. Gumercindo, aproximando-se de mim, disse:

— Estás preocupado com alguém, não é mesmo?

— Sim, amigo, mas deixa pra lá. Gumercindo, você já trabalhou, quando encarnado, como dirigente de grupo?

— Sim, e não fui dos melhores.

Os outros também se puseram atentos, para ouvir o que o amigo iria nos contar.

— Muito jovem, tive contato com a Doutrina. Deslumbrado com tudo, procurava tornar-me bom, mas acima de tudo prezava a pureza doutrinária. No meu grupo não admitia atraso ou ausência. Chegava a suspender os médiuns que incorressem em falta, tal a disciplina. Não permitia barulho nem bate-papo, convidando o médium a se retirar da sala se não se comportasse dignamente. Mas esta disciplina só se dava antes dos trabalhos; durante a reunião o médium podia gritar, retorcer-se, fazer tudo o que o espírito desejasse. Procedendo assim, julgava que estivesse respeitando a Espiritualidade, não vendo que muitos médiuns disso abusavam. Era muito vaidoso dos meus anos de Doutrina e qualquer novato era olhado com desdém, pois o considerava bem longe dos meus conhecimentos. Possuía um fichário de todos os livros que lia, dominando bem cada assunto, apto a discuti-lo em qualquer situação. Dava palestras, quando então aproveitava para mandar os meus recados. Enfim, meus amigos, fracassei como espírita. Quando desencarnei, muito sofri — eu não havia respeitado a Doutrina. As polêmicas que despertara colocavam-me agora no plano que eu próprio criara para mim, ainda mais porque julgava ser eu um escolhido.

— Mas, Gumercindo, isso já passou. És agora o nosso orientador.

— Não, amigo, estou procurando aprender junto a vocês. Mas, para que eu chegasse onde estou, tive também de retornar ao corpo físico e muito sofri para aprender a respeitar o Consolador prometido por Jesus. Portanto, amigos, ninguém tem o direito de brincar com o nome da Doutrina. Além do mais, quando não respeitamos os espíritos, a nossa culpa é maior; eles não podem defender-se por habitarem em plano que não é o nosso. Todos os que já chegaram ao Espiritismo precisam conscientizar-se de que a verdade deve pairar acima de tudo; que o Evangelho deve abrir os seus caminhos para que não venham a cair em erros, como os cometidos por mim, que levado fui pelo orgulho.

Calou-se. Os olhos do amigo orvalharam. Abracei-o com carinho, dizendo:

— Obrigado, companheiro, diante de você sinto-me muito forte, por saber que todos nós chegaremos a ser bons, um dia.

Acabáramos de ouvir um relato de alguém que errou, mas que soube levantar-se e ganhar a estrada. Muito felizes, oramos em silêncio, convictos de que em cada coração existe um jardim de esperanças.

CAPÍTULO XXIX

AGRADECIMENTO À VIDA

Momentos bem aproveitados transformam-se em grandes lições para os nossos espíritos e eu me sentia cada vez mais carente de ensinamentos. O mundo que encontrei é extraordinariamente rico e quem não procura descobrir suas riquezas muito perde com isso. Olhei bem para meus amigos: se antes eu considerava cada mensageiro quase uma divindade, agora eu os respeito como espíritos que lutam para conseguir dar um vôo mais alto. Jacinto segurou meu ombro, esclarecendo:

— Luiz, Deus é muito bom para todos, só ficamos enraizados no erro se assim o desejamos, sempre existe ao nosso lado alguém interessado em nos fazer progredir.

— Sei disso, camarada, ninguém melhor do que eu para saber como você tem razão. Desde que desencarnei, venho sendo muito beneficiado.

Os outros nos escutavam e Félix aproveitou para me perguntar:

— E do Enoque, sentes muita falta dele?

— Félix, sempre estou com os Raiozinhos de Sol; pedi ao Pai o trabalho de ajuda aos toxicômanos e, quando não estou em aula, junto-me a eles.

— É um trabalho muito sério. Muitos o acham perigoso.

— Enoque nos ensina a respeitar e a não temer os irmãos ainda esdurecidos, e todos sabem que cada dependente dos vícios sustenta uma legião. Por esse motivo, aqueles que labutam em prol do equilíbrio desses entes devem orar e vigiar, para não sofrerem o assédio dos que não querem se separar das suas vítimas.

— Luiz, a Faculdade ultimamente vem preparando muitas turmas que operam em todo o Planeta, em várias seitas. A Espiritualidade está muito preocupada com o problema da droga, não é mesmo?

— Não só com a droga, especificamente, mas também com os transtornos que ela vem causando às famílias. O cuidado torna-se cada vez mais necessário. Hoje, amigos, em conseqüência da droga, os jovens pregam o amor livre e presenciamos meninas de doze anos já vivendo cruéis realidades, onde o amor é mal compreendido. Como diz Enoque, "o amor sempre foi livre; é preciso, porém, não confundir sexo livre com amor".

Najii nada dizia, por muito bem conhecer o assunto, pois sempre também trabalha comigo nesse setor de ajuda.

— Meus irmãos, os encarnados que não estão enfrentando esses fatos são minoria. A droga abriu a porta do desrespeito ao próximo e cada qual está procurando viver sua vida da maneira que entende por certa, esquecendo o que nos disse o apóstolo Paulo: "Tudo é permitido, mas nem tudo edifica." (I-Coríntios, Capítulo X, versículo 23). O homem é o dono do seu corpo, mas não é por isso que vai desrespeitá-lo. Todos precisamos de uma casa para nos abrigar e existem várias regras para mantê-la. Assim também o corpo, se não cuidarmos dele, logo estará sofrendo as conseqüências desse relaxamento. E hoje os jovens, desejando aproveitar a vida dessa maneira, ignoram o fato de que estão é a se comprometer cada vez mais. Gumercindo, temo muito pela liberação do aborto. Será um verdadeiro assassinato coletivo, não acha?

— Luiz, esse fato não só dificultaria o trabalho do reencarne, como também a mulher seria violentada na sua fertilidade. Imaginemos uma bela árvore frutífera, iniciando a florir, sendo tosquiada pela maldade do homem: logo perderia o viço, por estar ali para compor o equilíbrio do Universo. Muitos desejam ser livres, mas nem conhecem o que é ser livre, julgando que pernoitar na rua ou fugir de casa seja liberdade; ao contrário, isto representa para nós, espíritos libertos, a cadeia de remorsos. Enoque vem desenvolvendo ultimamente um trabalho intenso junto aos pais, procurando despertá-los para a dura realidade do mundo físico, porque a maioria foge da verdade, enganando-se. É comum perguntarem: "o que têm os espíritos com isso?" Estamos vivendo um século violento; o homem tem pressa, mesmo não sabendo por quê. Todavia, nessa pressa, ele não compreende que deveria aperfeiçoar o seu espírito, e não aproveitar de maneira menos digna as suas horas como homem encarnado. É o mesmo que, cursando uma universidade, não a respeitássemos, só a freqüentando para distração. Em pouco tempo seríamos jubilados. Sempre há tarefas a serem cumpridas e um dia iremos aprender isso.

Estávamos nesse papo gostoso, quando fomos convidados por um irmão a visitar uma família que estava precisando, com urgência, de ajuda. Najii sorriu.

— Gostas de emoções fortes, não é? E esta deve ser uma das boas.

— Engraçadinho!

Félix riu também.

— O Luiz vai reencarnar como repórter, ele não perde uma! E por falar nisso, estamos quase chegando.

Era uma bela casa, onde o conforto imperava. Fomonos aproximando, levados pelo irmão que nos havia chamado. Mas, ao penetrarmos na sala, deparamos com um quadro muito triste: estirados no chão, lá estavam três corpos — do pai, da mãe e da criança. Parei, sem compreender. Gumercindo cerrou os olhos em prece. Jacinto aproximou-se, aplicando passe nas vítimas, que se mantinham ligadas ao corpo físico, sofrendo muito. Confesso que me encontrava apatetado, quando vi Najii procurar ajeitar os corpos retorcidos pela dor que estavam sofrendo. Acheguei-me também, mas só orei; não possuía capacidade para prestar tal forma de ajuda. Gumercindo, Jacinto e Najii aproximaram-se do causador da tragédia, que aqui chamarei de Gilberto. Este, no seu ódio, mantinha a família ainda ligada a ele. A criança de cinco anos — no clímax dos fluidos vitais — debatia-se, sem saber como sair do corpo inerte, posto que este se apresentava como se fosse um aparelho elétrico de grande potência. Imaginem! Era como se alguém se afogasse dentro de um escafandro, porque se estragou a bomba de oxigênio. A criança parecia asfixiada. Gumercindo, conhecedor do assunto, aproximou-se dos seus campos de força e passou, com luz mental e passe, a descarregá-los pausadamente. Depois de muito sofrimento, ela nasceu na Espiritualidade. E, graças a Deus, o irmão que nos trouxera até ali chegava com socorro dos postos espirituais. Aproximei-me de Gumercindo e não me contive:

— Parabéns, amigo, pelo belo trabalho.

— Graças a Jesus, conseguimos aliviar as dores dessa criança.

O casal mantinha-se ainda preso um ao outro, através de uma forte atração magnética. Os irmãos preparados para o serviço de desencarne puseram-se junto à desesperada mulher e, como bons profissionais, fizeram-na adormecer para cessar a influência do marido sobre ela. Com olhos marejados, vi-a ser colocada longe do corpo físico. Aí, estremeci apreensivo, ao pressentir a aproximação da polícia, dos repórteres e dos familiares. Pensei: "meu Deus, e agora? Como os mensageiros irão continuar o trabalho?" E não estava errado: as críticas, os comentários, a curiosidade, tudo dificultava o atendimento ao suicida, principalmente por ter interrompido duas outras vidas, além da dele.

Deus é tão bom que não nega auxílio aos que erram, mesmo àqueles que nem acreditam n'Ele. Gilberto tudo recebia dos irmãos, porém, o seu horror à vida era tanto, que não se conformava de ainda se encontrar vivo em outro plano e, por mais que os mensageiros tentassem evitar, ele não deixava de ouvir os comentários a seu respeito, tão cruéis, que ainda mais aumentavam o seu sofrimento. Em casos semelhantes, se alguém orasse muito ajudaria a vítima, mas o homem, por ser imperfeito, gosta de acusar. Os encarregados, junto a Gumercindo, trocavam idéias e tudo o que conseguiram foi isolar Gilberto dos encarnados. Ali, apegado ao corpo, sofria por não poder abandoná-lo e, apesar do esforço que os amigos espirituais despendiam, ele não aceitava a ajuda. Achando-se dono do seu corpo e do seu espírito, não permitia que ninguém interferisse em seu livre arbítrio.

Fomos saindo devagar e este amigo de vocês era a figura da tristeza. Pensava: "como deixar alguém a sofrer assim, sem nada poder fazer para auxiliar?" Gumercindo, captando meu pensamento, disse-me:

— Luiz, ele escolheu essa estrada. Outros irmãos logo aqui virão para prestar-lhe ajuda; além do mais, não o deixaremos sozinho, pois o irmão que nos chamou ficará com ele até que seja socorrido, como suicida que é.

— Gumercindo, os casos de suícidio são poucos entre os espíritas, não é?

— Sim, mas quando o faz é mais culpado, porque aos espíritas são dadas muitas elucidações sobre o valor da vida.

Via os dois lados: o mundo físico e o espiritual; apalpei-me para melhor sentir a "matéria" do meu corpo perispiritual, rendendo graças a Deus por não existir morte e mais ainda por eu não haver destruído a veste que Deus me ofertara para viver na Terra. E daqui digo aos meus amigos e irmãos: só a humildade e o amor podem nos propiciar paz eterna. O homem violento assim o é mais para si próprio do que para com os outros. A pedra que você atira em alguém abrirá em você mesmo uma chaga que muito tempo levará para cicatrizar.

Todos nós em total silêncio fizemos uma prece a Deus, em agradecimento à vida.

CAPÍTULO XXX

REAPARECE CLARA

Ninguém está sozinho e, por mais que nos julguemos sós e infelizes, esquecendo-nos de Deus, Ele, bondosamente, ao nosso lado permanece, tudo fazendo para que sejamos felizes. Mas o ser continua ignorando por comodismo o valor da vida, brinca com a sua e com a dos seus semelhantes. Tínhamos presenciado o drama de alguém que, julgando amar, desejou aprisionar — como se fosse cadeia — os entes queridos, por medo de perdê-los. O triste fato do assassinato consumado deixou-nos convictos de que cada ser é o dono da sua consciência e que o homem só se libertará no dia em que aprender a respeitar a liberdade e o direito do seu próximo.

Caminhávamos em silêncio e quando percebi, dirigíamo-nos outra vez a uma Casa espírita. Como permanecesse calado, Félix indagou:

— O que te aconteceu, Sérgio, perdeste a língua?

— Que nada, camarada, estou apenas pensando como seria tudo mais fácil se todos fôssemos bons, não é mesmo?

— Mas nós somos bons! disse Gumercindo.

Notando o meu espanto, esclareceu:

— Por pior que sejamos, temos algo de bom dentro de nós, que um dia será aflorado pela dor.

Nada mais conversamos. Chegamos ao Centro, onde um bom orador explanava o Evangelho, na Primeira Carta aos Coríntios, Capítulo X, versículo 23: "Tudo é permitido, mas nem tudo edifica". Ouvindo o irmão, refletimos sobre a responsabilidade do pregador espírita, que deve transmitir amor e esperança, e não servir-se da tribuna para pregar o medo ou oferecer interpretações próprias, sem muita convicção da verdade.

Nada sabia ainda sobre o que fôramos ali fazer. Jacinto nos levou a uma sala mediúnica, onde constatamos grande freqüência no grupo. Orando, nem procurei conhecer os médiuns, porém uma voz chamou-me a atenção. Com satisfação encontrei Clara naquele grupo mediúnico. Infelizmente, minha alegria durou pouco, pois cada vez que alguém era convidado a falar, ela interferia e retrucava, desejando mostrar sabedoria. Todos nós assistíamos à cena envergonhados, já que tanto lutáramos para que ela encaminhada fosse a uma boa Casa espírita.

— Gumercindo, está certo o que a irmã está fazendo...?

— Irmão, ela vem respondendo certo, é uma estudiosa, mas se Jesus desejasse mostrar o Seu saber, passaria pela Terra sem jamais ouvir uma só palavra dos Seus irmãos.

— E por que o dirigente não conversa com ela, pondo-a a par do perigo do médium que deseja chamar a atenção sobre si?

— Seria o certo, mas com este gesto, Clara, que não possui humildade, deixaria de freqüentar este grupo, acarretando maiores conseqüências. Ela é uma boa médium, apenas lhe falta humildade. Um bom dirigente pouco a pouco dar-lhe-á condições de se tornar médium evangelizada.

Clara sorria feliz, era o centro das atenções. Todos os outros companheiros, em silêncio, apreciavam o desenrolar das atividades do grupo mediúnico. Eu me encolhia de vergonha por presenciar tanta vaidade. Quando iniciou a parte prática, Clara deu passividade uma vez, duas e três, e só não prosseguiu, porque o dirigente deu por terminada a reunião. Ao interrogar a vidência, ela, a supermédium, também interrompia os irmãos para narrar a sua.

Dali saímos e eu a acompanhei. Em conversa com a colega, reclamava de dor-de-cabeça, dizendo-se influenciada por não se encontrar harmonioso o grupo, já que ali havia muitas pessoas sem conhecimento da Doutrina. Senti vontade de intuí-la e não titubeei: "Clara, que coisa feia você vem fazendo! Julgávamos nós, os seus amigos, que a encontraríamos trabalhando anonimamente para o bem do próximo e com tristeza vemos que você está desejando subir no conceito alheio, como se este fosse o mérito da nossa Doutrina. Não se esqueça de que um grupo mediúnico é uma família, onde somos filhos de Deus e irmãos em Jesus, e que o nosso Amigo jamais desejou mostrar sabedoria, porque os sábios são humildes. Ela se calara. Os outros médiuns, preocupados, indagaram se estava passando mal.

— Só meio tonta. Vocês não acham que falei muito hoje no grupo?

— Eu acho, Clara, você não deixa ninguém falar! É muito bom ouvi-la, mas se continuar assim, breve irão chamá-la de orgulhosa.

— Por que você nunca me disse nada, Margarete?

— Sabe que não sei por que hoje estou a lhe falar? Talvez porque senti que o nosso dirigente já se encontra cansado com os seus apartes.

— Dá-me nervoso escutar bobagens e não deixo passar mesmo! São pessoas ignorantes, que nada sabem...

— Clara, cuidado, a Espiritualidade gosta das pessoas simples, todos os que se julgam sábios ficam emudecidos diante de Deus, sempre presente onde existe uma proposta de trabalho.

— Ó Margarete, você está me ofendendo.

— Não, irmã, não estou. Sou sua amiga e desejo que você seja uma médium digna, o que se torna impossível quando a vaidade de nós se aproxima. Amemo-nos uns aos outros que a sabedoria toma conta dos nossos espíritos.

Ouvi Margarete falando e gostei da eficiência do amigo Najii: ela apenas retransmitia o que ele pensava. Ao voltarmos para junto dos outros, Gumercindo, sorrindo, me perguntou:

— Luiz, estás satisfeito por teres reencontrado Clara?

— Sim, irmão, mas ela não mudou muito, hem?

— Infelizmente, Sérgio, ainda estamos longe da perfeição e ela hoje ouviu muitas verdades. Esperamos que bem as tenha assimilado, do contrário, se não se tornar humilde, muito sofrerá. O médium orgulhoso, descontente com o talento recebido, vive insatisfeito.

— Gumercindo, vou tentar ajudar essa irmã. O que você acha?

— Todos nós nos propusemos a ajudá-la. Ela tem uma tarefa a realizar e, se continuar como vem fazendo, tê-la-á suspensa, Deus não coloca a semente apenas na mão de quem sabe plantar.

De relance, ainda ouvimos outra médium dizendo que iria abandonar o grupo, porque depois que se iniciara no Espiritismo a sua vida ia de mal a pior, que em casa era só briga, o marido estava indiferente, enfim, encontrava-se desnorteada. Gumercindo perguntou-me:

— Acreditas no que ouves?

— Sim, irmão, como não acreditar? É lamentável que ainda ignoremos os bons livros que o Codificador do Espiritismo nos deixou.

— O médium deve-se ligar ao Alto. Se procura ter bons amigos, os maus não o quererão por companheiro. E, depois, sempre ouço isto de alguém que muito respeito e que considera todos os espíritos como irmãos necessitados e não como obsessores. Ela nos diz: "Como temer os espíritos, se todos fomos criados simples e ignorantes? Se eles são maus, devemos ser bons para com eles; além do que, como sentir medo de alguém que carrega ódio, quando cremos que o amor é a força maior? Se nos tornamos iguais a eles em sentimentos, aí, sim, é difícil, porque Deus não separa quem deseja permanecer ligado."

CAPÍTULO XXXI

EM BUSCA DA PAZ

Ao ver-me silencioso, Gumercindo iniciou a conversa sobre Clara, já que esta participava dos trabalhos em uma Casa respeitada no meio espírita, mas ainda conservava por companheiro o egoísmo e a vaidade.

— Imaginei, Gumercindo, que ela se tivesse modificado um pouco, visto estar recebendo boas orientações.

— Não podemos culpar a Casa se seus freqüentadores mantêm-se presos apenas à letra. Nossa irmã Clara, dotada de belos dons mediúnicos, ainda sente dificuldade em largar hábitos antigos; achando que muito sabe, quer chamar sobre si toda a atenção do grupo, desconhecendo que, segundo os preceitos evangélicos, os últimos serão os primeiros.

— Será que ela vai-se modificar e tornar-se humilde?

— Sim, quando se propuser a se evangelizar, deixará para trás tudo o que dificulta a caminhada de um médium.

Clara, acompanhada de uma irmã, retirava-se, mas ainda a ouvimos falar:

— Esse nosso dirigente é muito parado, não impõe disciplina. O grupo nada sabe, está precisando ser elucidado, mas ele não obriga ninguém a estudar. Fulana está obsedi-ada, sicrano também e eu tenho de agüentar essa barra. Chego em casa quase morta!

— Clara, tudo tem seu tempo certo, vamos esperar. O dirigente é muito amigo de todos nós.

— É, mas alguém deve mostrar a ele que não se pode ser muito tolerante na direção de um grupo.

Olhei assustado para Gumercindo que me pareceu não notar a minha apreensão. Clara comportava-se como a médium mais indisciplinada do grupo e agora culpava os outros. Desde que iniciara o estudo, fazia questão de mostrar sabedoria, sendo muitas vezes até indelicada com os companheiros. Recordei-me do Irmão João: "Não queira ser um rico brilhante em um anel, apenas para ser admirado; lute para se tornar pedra bruta no belo edifício chamado Fraternidade."

Clara voltou para seu lar, mas eu desejava revê-la, porquanto não havia guardado boa impressão a seu respeito. Constatei, com sua conduta, que os médiuns necessitam, e muito, de Evangelho — sem ele o homem fica esquecido do dever de servir.

Dirigimo-nos ao salão e lá percebemos a luta do homem para encontrar a paz; muitas fisionomias cansadas ouviam a palestra, esforçando-se para assimilar as lições da noite. Outros freqüentadores, passando momentos difíceis, tudo faziam para se equilibrar. Vários irmãos espirituais aplicavam passes de restauração perispiritual, pois os que os recebiam sentiam-se renovados. Ninguém pode imaginar o trabalho dos espíritos. Ali ficamos uns bons minutos e, quando saímos, deparamos com algumas irmãs pedintes carregando os filhos nos braços. Os encarnados, recém-chegados à Casa espírita, desejando melhorar, foram doando alguns trocados; uns, indiferentes, nem olhavam as crianças famintas e desnutridas. Percebemos, então, uma simpática velhinha vir até a porta e convidar essas irmãs para entrar. Elas se entreolharam, não muito satisfeitas, mas a nossa amiga levou-as a uma sala, onde iniciou uma bonita prece, seguida de pequena palestra sobre o Evangelho. Emocionados, presenciamos o respeito dos humildes para com as verdades de Deus. Aquelas sofridas mulheres prestavam atenção a cada sílaba que dos lábios de Antônia saíam, e pudemos notar que várias delas choravam. Antônia prosseguiu:

— De hoje em diante não queremos mais vê-las mendigando. Todos os dias um irmão ficará encarregado de orientá-las. Aproveito para convidá-las a tirar o pó dos bancos, a varrer o pátio, enfim, vamos trabalhar.

Uma delas falou:

— E quanto iremos ganhar por isso?

Antônia respondeu:

— O amor e o respeito de Deus e de todos.

Uma outra, cutucando-a, disse:

— Deixa de ser boba, eles vão cuidar da gente!

Ainda olhamos para trás: as "mendigas" eram agora operárias de Jesus e queira Deus elas aprendam na Casa espírita o caminho do amor, onde somos todos irmãos — pobres, ricos, pretos, amarelos ou brancos. Aqui estamos para engrandecer o nosso espírito e ninguém cresce se não souber estender as mãos aos que precisam. Algumas religiões se perderam porque não souberam sair da letra. O Espiritismo não deixa morrer as esperanças; se ele é vida, como deixar de dar o Pão de Deus aos que famintos se encontram de amor?! O gesto de Antônia falou bem alto e nos tocou o coração.

Félix endossou meu pensamento, dizendo:

— É isso, irmão, o templo espírita não possui enfeites, porque as suas paredes devem estar adornadas de vibrações de amor o que só se consegue com o trabalho humilde de seus freqüentadores.

Distanciei-me dos outros e vi surgir por entre as árvores uma casinha branca; dentro dela, em uma das alas, a Mãe Amorosa embalando nos braços a todos nós, com paciência e amor, sem nos perguntar quem somos ou o que fizemos de nobre; apenas nos convida à reforma íntima e ao trabalho de amor ao próximo. Acima d'Ela, o rosto amigo de Jesus pairando sobre nós, como leal amigo que é. Deixei cair as lágrimas de alegria por ter um dia chegado a este caminho de trabalho que nos leva a Deus. Senti um abraço e vi o sisudo Gumercindo fitando-me com carinho, sem nada dizer.

Dali nos afastamos devagar. Quanto ensinamento se encontra em uma Casa espírita bem orientada! Fomos, então, ao lar de Dorita, pois desejávamos vê-la. Qual não foi nossa surpresa ao encontrá-la bem contente, junto ao marido, praticando o Culto Cristão no Lar. Quanta felicidade irradiou-se quando ela agradeceu a Deus a saúde e a paz que ali agora reinava!

— Jacinto, qual o milagre?

Ele respondeu mostrando o Evangelho. Ali ficamos até o término do Culto e a nossa emoção aumentou ao presenciarmos vários espíritos ligados àquela família, recebendo do Alto o benefício da paz.

Frida falou a Dorita:

— Hoje tenho a mesma sensação que senti ao sair do Centro: pressinto a sala repleta e é como se alguém muito querido de mim se aproximasse.

Dorita olhou de lado e, como boa vidente, sorriu para mim, dizendo:

— Sabe, mamãe, quem está aqui? A senhora nem imagina, é o Luiz Sérgio!

— Meus Deus, que bom! Então, vamos pedir a ele que olhe os meninos.

Demos graças ao Senhor e dali saímos satisfeitos por ter aquela família reencontrado Jesus, não importa como. Ao menos uma vez por semana oram juntos, em agradecimento, e vocês nem podem imaginar o que isso representa: Jesus entrando em muitos lares, sentando-Se à mesa e pedindo a Deus perdão por nós. Dei um pulo, assustando os meus amigos, mas logo eles compreenderam, quando falei:

— "Senhor, como sou feliz por ter-Vos um dia encontrado, não no inferno nem no céu, mas no fundo do meu coração, acenando-me com a certeza de que jamais eu estive sozinho. A Vossa bondade deu-me forças e, graças a Vós, eu tive a felicidade de descobrir a vida além-vida. Hoje, junto a queridos irmãos, vejo surgir à minha frente a longa e bela estrada do Mestre e, à medida que a percorremos, nossos pés deslizam, pela coragem que de Vós emana. Sede, Senhor, sempre, o nosso abrigo para que cheguemos, sem nos determos, ao término da grande jornada."

E demos graças e graças.

CAPÍTULO XXXII

O BOM ORIENTADOR

Como é bom ver os amigos ajeitando-se na vida! Assemelham-se a filhos queridos, que trazem felicidade aos pais por sabê-los encaminhados. Jacinto e Gumercindo conversavam, quando chamados fomos até eles.

— Irmãos, há vários dias nos encontramos no plano físico. Logo a nossa tarefa terminará. Foram horas de aprendizado muito útil para o crescimento espiritual de cada um de nós.

Enquanto ele falava, íamos retornando ao local onde estávamos alojados. A Casa nos pareceu ampliada. No pátio, vários mensageiros prestavam assistência a entidades recém-desencarnadas e muito perturbadas. Com que carinho eram encaminhadas aos postos de socorro! É difícil de se imaginar o movimento em um Centro espírita. Os encarnados vão para seus lares descansar, mas o Centro não fecha — é um hospital de Deus. Em seus pátios deveriam existir placas, pedindo silêncio e respeito. Enganam-se aqueles que julgam que o atendimento só se dá no seu interior e fazem do pátio lugar de conversas fúteis, fumando cigarros, esquecidos de que junto a eles vários irmãos lutam desesperadamente para se verem livres dos antigos vícios. Como essas atitudes entristecem os encarregados espirituais de um Centro! Diante de toda aquela agitação, ressaltava a beleza de um Casa que presta auxílio.

Fui ficando para trás, misturando-me com os encarnados e fiquei pensando como é sério o dom de explanar o Evangelho para doutrinar, principlpamente àqueles que estão iniciando. O pregador não pode improvisar. Ele tem uma grande responsabilidade e é muito mais nobre dizer "eu não sei", do que arriscar o improviso, por vaidade.

Percebemos que vários encarnados desejam mudar, fazendo esforço para viverem bem; mas notamos que vários deles confundem auto-educação com proibição, como se a Doutrina nos proibisse alguma coisa. Confesso que isto entristece. Amedrontar alguém ainda iniciante, proibindo-lhe quase tudo , é falta de caridade, pois o irmão, no início, empolgado, vai aceitando tudo; porém, será que ele vai ter estrutura para agüentar muito tempo? Não seria mais prudente recomendar os livros básicos e orientá-lo quanto ao procedimento em dias de trabalho? Muitos não estão preparados e se desesperam; desejam servir, mas temem tudo e todos.

Acompanhando os encarnados, dirigimo-nos a uma sala onde um irmão orientava novos freqüentadores da Casa. Pelas perguntas que eram feitas, pude notar que todos desejavam aprender; a Doutrina Espírita havia chegado para cada um daqueles irmãos em hora de cruel desespero e eles se sentiam no dever de se tornarem úteis à Casa que os abrigava. Emocionei-me. O pregador, muito bem dirigido, irradiava fluidos de amor e muitas vezes, confessou-se sem condição de responder, mas prometendo fazê-lo quando obtivesse orientação espiritual ou mesmo se encontrasse alguém capacitado para orientá-lo. Pensei comigo mesmo: "a humildade ainda é o maior professor". Algumas das perguntas e respostas eu anotei em meu caderninho.

— "Irmão, é contra a Doutrina o controle da natalidade?"

— Seria bom se pudéssemos ajudar muitos espíritos a reencarnarem, mas se não podemos fazê-lo, devemos procurar um método que não os prejudique.

— "Então a Doutrina não é contra as pílulas anticoncepcionais?"

— A pílula é uma opção para aqueles que não querem filhos. A nós compete a escolha, porém, ela é preferível ao aborto.

— "Mas dizem que a Doutrina condena esse método, porque precisamos ajudar o departamento de reencarnação!?"

— A Doutrina Espírita prega a fé raciocinada, que encara a razão face a face, caso fosse o contrário, estaríamos caindo nos mesmos erros passados, proibindo, condenando e amedrontando, quando o Espiritismo veio para salvar e só se salvam aqueles que desejam. Possuímos a dádiva da razão e só a nós compete usá-la ou não. Proibir é muito simples, agora, para o fazer, precisaríamos estar puros, sendo isso quase impossível, pois vivemos num planeta onde estamos ainda cursando a escola da vida; além do mais, os puros não proíbem, por conhecerem a fraqueza dos que ainda erram.

— "Disseram-me que é contra a Doutrina qualquer método anticoncepcional, e a minha esposa se acha impedida de ter mais filho. Não sei o que fazer! Amo a Doutrina e não quero contrariar seus ensinamentos."

— Cada um de nós é um mundo, onde o governador é o nosso espírito. Como existem mundos evoluídos, existem os de sofrimento, portanto, cada espírito deve lutar para bem governar o seu mundo interior e só ele sabe se tem condição ou não de deixar para trás as arestas que dificultam sua evolução. O Pai conhece nossas limitações e espera que um dia estejamos aptos a sermos livres; até lá, abracemos o Evangelho e façamos de nossas vidas momentos de trabalho por um mundo melhor. Se sua esposa não pode ter filhos por se encontrar sem condição física, e se Kardec nos ensinou a caminharmos com a ciência, como deixar de dar crédito a um médico que recebeu a missão de zelar pelo corpo físico? Se este se apresenta doente, como é o caso de sua esposa, não será a Doutrina a interferir."

Muitas outras perguntas foram feitas e graças a Deus todas foram respondidas de uma maneira que, no meu entender, achei correta e sensata. Como proibir alguém, se em todos os momentos dizemos que a Doutrina Espírita veio para salvar e não para condenar? Fui-me retirando, pensativo, quando Najii e Félix me convidaram a ir até um lugar onde estava sendo realizada uma conferência sobre toxicômanos. E para lá nos dirigimos.

— Sem os outros? perguntei. Gumercindo e Jacinto sabem?

— Sim, Luiz, eles já nos deram permissão.

Lá chegando, notamos o salão repleto de encarnados, mas muito mais de desencarnados, que ali foram por trabalharem nesse setor de ajuda aos dependentes. Sentei-me junto a outros amigos e, com alegria, pude observar como a turma cresceu. Enoque sorria feliz, ao lado de Eduardo, Afonso, Sérgio, Marina, jovens que tão bem conheço e que hoje lutam pela felicidade de outros jovens. "Meu Deus, como sou feliz!" Cerrando os olhos, devagarinho, ouvi, com emoção, a prece que Enoque pronunciava, enquanto entre os encarnados ninguém se lembrou de orar por ser uma conferência pública sem fins religiosos. Todos nós, os raiozinhos de sol, fomos banhados de luz para melhor assimilarmos os ensinamentos da noite.

— "Jesus, querido amigo, companheiro de todas as horas, neste instante, quando presenciamos alguém que luta para amenizar dores, lembramos que Vós não fundastes igreja que divide as criaturas, mas que o Vosso Templo é o Universo de Deus, onde caminhamos, sempre ajudados, à medida que auxiliamos os nossos semelhantes. Pedimo-Vos, amigo, pelo irmão que irá pronunciar, dentro de instantes, palavras de alerta àqueles que têm sob sua responsabilidade crianças, jovens e adultos; sede para todos eles a sabedoria, abrigando esses corações, muitos deles endurecidos pela vaidade e pelo orgulho. Jesus, mais uma vez, dai-nos a paz para que tenhamos condição de aprender as lições da noite. E que todos os encarnados aqui presentes sejam tocados pelas palavras do orador; que levem avante o alerta aos pais, aos educadores e, sobretudo, aos encarregados da Pátria do Cruzeiro. Sede, Senhor, sempre presença entre nós, mesmo quando as nossas iniqüidades confeccionarem cruzes que Vos preguem sem piedade e Vos abram chagas doridas pelas nossas fraquezas. Com os braços abertos, dai-nos a certeza de que somos amparados, mesmo preferindo os barrabás da Terra, virando-Vos as costas. Vós acompanhais o nosso crescimento e a cada milímetro da nossa evolução estais sorrindo, agradecendo a Deus a grandeza das nossas lutas. Nós, os Raiozinhos de Sol, só podemos Vos dizer: Bendito sede Vós, Jesus de Nazaré, que um dia dissestes: "Perdoai-lhes, meu Pai, eles não sabem o que fazem! "Graças vos damos, Senhor."

CAPÍTULO XXXIII

UMA PALESTRA BEM ATUAL — PROJEÇÃO MENTAL — PENSAMENTOS PLASMADOS

Logo que terminou a prece do Enoque, teve início a palestra do médico encarnado, com a platéia repleta e atenta às palavras do orador. Os amigos espirituais oravam para que o médico obtivesse êxito total. Enfim, alguém dispôs-se a levantar a voz sobre o assunto.

O primeiro item abordado foi sobre o mal da maconha, ainda defendida por muitos como inofensiva. Isso de se dizer que ela faz menos mal que a bebida e o cigarro é conversa de viciado. Através de slides foi sendo mostrado o efeito da droga no organismo: ela penetrando na corrente sangüínea e chegando ao cérebro; a reação de cada indivíduo: uns sentem certa excitação, ansiedade e inquietação, outros, se ainda inexperientes, pavor de morrer; e os amigos fiéis da droga reagem cada minuto, sem maiores problemas, esperando a euforia, o "barato", a "bobeira", quando eles riem sem motivo algum. As formas dos objetos e suas distâncias também parecem modificar-se; coisas que estão próximas parecem distantes e vice-versa. Muitos comparam à imagem de tevê distorcida, outras vezes sem foco. Como reconhecer alguém que esteja sob os efeitos da maconha? Muito fácil:

1 — Olhos avermelhados pela dilatação dos vasos sangüíneos dos olhos.

2 — Boca e garganta secas.

3 — Saliva branca, concentrada.

Quem diz que a maconha não faz mal ao indivíduo é consumidor ou fornecedor. Se nos basearmos em fatos científicos, saberemos o seu mal no organismo humano:

1 — Provoca uma diminuição do número de espermatozóides produzidos, que pode reduzir a fertilidade.

2 — Provoca alterações no sistema cardiovascular.

3 — Enfraquece o indivíduo e este sente, às vezes, tontura, vômito, tremedeira, fraqueza muscular, incoordenação motora.

Confesso que eu nem piscava de tão atento à palestra e desejei, do fundo do meu coração, beijar os pés do orador, um jovem médico que, intuído por espíritos amigos, tenta mostrar o perigo da droga. Não é um religioso, é um cientista, que não está preocupado em ganhar dinheiro e, sim, em amenizar dores. Queira Deus ele consiga despertar muitos corações nesta campanha de esclarecimento.

A palestra, nem toda pude narrar aqui, mas que muitos ficaram admirados com o relato do médico, isso eu posso garantir! Vi muitos secando lágrimas de desespero, querendo bem assimilar as palavras daquele irmão que, sem medo, carrega a bandeira da esperança, mesmo sabendo que uma organização tenta, a cada dia, barrar-lhe os passos.

Saímos. Enoque desaparecera entre os jovens de Maria de Nazaré. Félix e Najii acercaram-se de mim, dizendo:

— Luiz Sérgio, como podem gostar de algo que sabem que faz tanto mal?

— Considero o dependente da droga um ser que não alimenta a esperança; ele pouco se importa com seu corpo físico ou com o seu espírito e só pensa em fazer algo diferente, algo que chame a atenção. Se precisa encorajar-se, droga-se ou se embriaga. São todos seres carentes que às vezes, Félix e Najii, eu desejo abraçar bem forte e dizer:

"Camaradas, se nós morrêssemos, seria mais fácil, mas

a vida é eterna, e cada desvio retarda nossa chegada ao "paraíso". Precisamos estar conscientes de que não existe morte e que a droga apenas adormece os sentidos, fazendo-nos fugir da dura realidade que temos por obrigação enfrentar. Já imaginaram se todos os que se julgam fracos usassem a droga para sentir coragem? O nosso mundo viraria um hospício: as mães deixariam de amparar os filhos; os pais não os alimentariam; os templos religiosos seriam transformados em boca de fumo... Voltaríamos à condição de animais!"

— Mas que ela aumenta a cada dia, aumenta, não é mesmo?

— É verdade, mas também vêm aumentando os miosótis de Maria. Notamos que poucos pais compareceram, por que será?

Ninguém respondeu. Ganhamos o caminho do Centro, onde Gumercindo nos esperava.

— Luiz, Félix e Najii, íamos voltar hoje, mas fomos chamados para auxiliar muitos feridos. Houve um desencarne coletivo e muitas frentes de socorro para lá se dirigem.

Como permanecia em silêncio, Jacinto perguntou-me:

— Não desejas ir, Luiz?

Ao que respondi:

— Quero, sim, apenas agradecia ao bom amigo Jesus por ter-me ofertado trabalho.

Despedimo-nos dos amigos e rumamos para a cidade já quase destruída. Ouvíamos os espíritos recém-desencarnados gritando muito por se verem ainda presos sob os escombros. Os médicos aplicavam-lhes passes, fazendo-os adormecer. Muito feliz em prestar ajuda, tomei uma criança no colo e a afaguei em meu peito com tanto amor que ela adormeceu. Quando a entreguei à enfermeira, esta perguntou-me:

— Deste algo a ela para tomar?

— Não, só tentei dar-lhe amor, só isso.

Voltei, à procura daqueles que no momento se encontravam tão carentes e deparei com dois velhinhos abraçados, necessitando de socorro. Deles me aproximei. Muito assustados, julgaram-me um fantasma, olhando-me apavorados:

— Quem é você? Quem é você?

— Calma, amigos, sou Luiz Sérgio, um irmão em Jesus, que deseja levá-los ao hospital.

— Ainda bem que não estamos mortos! Há pouco reencontramos nossos pais que já partiram há muito tempo e corremos deles. Veja só, Senhor Luiz Sérgio, queriam-nos ajudar. Onde já se viu fantasma ajudar alguém?

Nada falei. Conduzia-os com carinho, quando encontrei Félix, que me indicou o lugar certo para os dois, pois teriam de receber orientação em doses homeopáticas. Caso contrário, desesperar-se-iam com a morte, pelo fato de jamais terem acreditado na existência do espírito. Depois de haver deixado o casal, juntei-me a Jacinto e Gumercindo. Eles prestavam auxílio aos que haviam desencarnado em conseqüência de desabamentos e, mesmo desligados do corpo físico, ali permaneciam, sem querer aceitar a realidade. Sofriam enorme martírio, asfixiados e muito machucados. Uma equipe treinada tentava retirá-los, enquanto outros, como eu, serviam de ajudantes.

A equipe de salvamento ia adormecendo lentamente os irmãos, projetando a luz azul, emitida pelas mentes dos tarefeiros. Depois, misturavam azul com a cor-rosa, projetando-as no cérebro dos irmãos soterrados. Pouco a pouco, todos foram socorridos, sendo retirados dali, num trabalho comovente. Gumercindo se dirigiu a um local de onde partiam gritos estridentes: lá estava uma criança a se debater, ainda com vida, sob os escombros. Gumercindo mandou que eu chamasse os outros para prestarmos ajuda. Ela precisava de oxigênio, pois estava soterrada. Uma turma foi atrás de encarnados para intuí-los a chegarem até ali. Outros, juntamente com Gumercindo, projetavam luz verde na aura, azul na coluna, azul no pulmão, essas duas de tonalidades diferentes. Tínhamos de mantê-la encarnada e com o mínimo de sofrimento. Para isso, lá ficamos tentando ajudá-la. As vias respiratórias da garota eram desobstruídas pelo tratamento com as luzes. Só respirei aliviado quando encarnados descobriram que ali se encontrava alguém precisando ser salvo. Alguns bombeiros foram trazidos por Félix, Najii e outros, que belo serviço prestaram! Assim, vários atendimentos presenciamos, aos encarnados e aos recém-desencarnados.

Quando já ia retirar-me, notei uma turma diferente, um tanto assustada, mas que mesmo assim trabalhava.

— Quem são esses? perguntei ao Jacinto. Parecem encarnados, mas não estão aqui através de desdobramento perispiritual, não é mesmo?

— Sim, eles prestam ajuda através da projeção mental.

— Interessante, Jacinto, eles são diferentes, parecem sombras.

— Sim, Luiz, eles são pensamentos plasmados. Olhe mais além...

E foi o que eu fiz. Vi os corpos físicos daqueles irmãos sentados em uma mesa mediúnica, imóveis, como que em desdobramento.

— Jacinto, eles estão desdobrados ou não?

— Luiz, existe, sobre este assunto, muito mal-entendido. Muitos se dizem desdobrados perispiritualmente, mas são poucos os que realizam tal fato. Existe a projeção mental, quando viajamos através da vontade da mente. Com exercício, os encarnados varam distâncias.

— Há muito cara contando lorota, dizendo sair do corpo, quando tem o perispírito chumbado ao duplo e ao corpo físico. E seu espírito não sai nem que esperneie.

O irmão me olhou assustado.

— Perdoe-me, Jacinto, mas que tem muita mentira por aí, isso tem, não é verdade?

— Sim, a vaidade ainda domina a todos nós.

Observei aquelas formas cinzentas prestando ajuda; os fluidos que as acompanhavam eram remédios restauradores. Quanto pode um médium ajudar! É pena que muitos desconhecem o valor da mediunidade com Jesus e só desejam receber comunicação dos espíritos, enquanto ao seu redor a dor e as lágrimas crescem cada vez mais. Que bom seria se os Centros espíritas adotassem esse trabalho! Logo que me seja possível, pedirei autorização para contar como se processa.

CAPÍTULO XXXIV

AJUDA À DISTÂNCIA — EVANGELIZAÇÃO INFANTO-JUVENIL

Admirava-me por todo aquele trabalho. Como pode o homem viver indiferente às realidades espirituais, quando ao seu redor tantos se encontram em desespero? Basta lermos os jornais, vermos o vídeo e ouvirmos as rádios, que encontramos irmãos necessitando de ajuda. Ali à minha frente, espíritos desencarnados e encarnados soluçavam de dor; mas feliz fiquei por saber que muitos trabalham pelo bem do próximo.

— Gumercindo, um médium para fazer este trabalho tem de crer muito, não é?

— Em qualquer trabalho na Doutrina, se não estivermos bem alicerçados no estudo, a descrença e o medo nos atacarão. Não esqueça, Luiz que poucos vêem espíritos, mas muitos neles acreditam, Assim são os vários meios que o médium tem para colaborar. Se ele não crê no passe, jamais será um bom passista.

— Sabe por que lhe fiz essa pergunta? Esses encarnados em projeção mental, neste país onde estamos agora, será que acreditam mesmo que trabalham?

— Prefiro não lhe responder, nós os respeitamos, desejando que sempre, e cada vez mais, plasmem essa ajuda à distância. As Casas espíritas estão lotadas, os grupos vão aumentando, então por que não criar frentes de trabalho para os que se julgam inúteis?

— Ah! Compreendi. Para os que dizem que nada fazem!

— Sim, Luiz, a equipe médica da Espiritualidade pede às Casas espíritas mais atenção para com esses irmãos. Muitos abandonam o Espiritismo, julgando-se enganados. Foram aconselhados a freqüentar um Centro por serem portadores da mediunidade, e ela (mediunidade) não chega porque estão esperando vidência, desdobramento, psicofonia, enfim, na verdade não foram bem elucidados.

— É mesmo, Gumercindo, eu sempre tomo conhecimento de casos em que irmãos se sentem completamente desiludidos, julgando-se marginalizados no grupo por não se manifestarem mediunicamente. É preciso que acreditem que todos podem ajudar em qualquer setor de trabalho; e isto é o que não falta em uma Casa espírita.

— Qual a razão de alguém dizer a um médium que dorme em um trabalho mediúnico que ele está ajudando, quando bem sabemos que nem sempre isso é verdade?

— A cada um é dado o direito de acertar ou errar, portanto, vamos cuidar da nossa tarefa.

Ainda ficamos por algum tempo prestando ajuda. O perispírito é tão material que quem pudesse ver aqueles amontoados corpos, custaria perceber que já não possuíam vida física. Os outros juntaram-se a nós e dali partimos, felizes por termos podido colaborar.

A Casa onde nos hospedamos, ao visitarmos os encarnados, apresentava um grande movimento; os pais trazendo os filhos para a aula de evangelização davam um colorido diferente a ela. Acompanhamos os pequenos e com os olhos marejados de lágrimas demos graças a Deus pelo mundo onde hoje vivemos. Deixei-me ficar por ali. Não desejava voltar para junto dos meus amigos. antes, queria recordar o garoto feliz, que às vezes chorava por não ser compreendido na sua ânsia de viver. Cada dia que vivi no plano físico descortinava-se à minha frente como lição de vida. Cada lágrima de tristeza lavou-me o coração; cada desilusão fez-me crescer espiritualmente. Como tudo seria diferente se eu voltasse agora! Talvez não exigisse tanto dos amigos, tivesse mais paciência com os familiares, soubesse abraçar mais os sozinhos, mas, enfim, para isso é que morremos: a morte é como a poda nas árvores, para que o espírito venha a florir. E feliz aquele que bem recebe este cuidado do Pai. Aí também recordei de cada vida que tive como encarnado e agradeci o progresso do Universo, onde tudo obedece à Lei de Deus.

As crianças brincavam, muitas alheias ao Evangelho, enquanto os orientadores, encarnados e desencarnados, pacientes, atentos e solícitos, permaneciam fiéis à tarefa a eles confiada. Pude notar a presença de várias irmãs, entre elas Frida, Naná, Amélia, Ísis, todas orientando os encarnados na sublime missão de fazer abrir paulatinamente os botões de flores de Maria, botões que não podem ser violentados pelo nosso orgulho ou por nossas fraquezas.

Um garotinho, correndo pelo salão, deparou-se comigo; olhou-me bem firme, como bom vidente, sorriu-me, achando o fato natural. Ao cutucar o companheiro, indicando-me, o outro, muito assustado, respondeu:

— Deixa de brincadeira, ali não há ninguém!

Quando vi os dois passarem por mim em disparada, sorri, feliz. Quantas vezes as crianças vêem espíritos, mas os pais é que as assustam, porque foram criados temendo as almas do outro mundo e até hoje, mesmo com o avanço científico, ainda existem crendices.

Fui até o pátio e encontrei os meus dois amiguinhos contando do fantasma que um deles havia visto. Passei a mão em seus cabelos e todos, numa só voz, disseram:

— Cruzes, estou arrepiando!

E deram boas gargalhadas. Porém, nem tudo é alegria: uma jovem mãe trazia a filha pelas mãos. Notei algo diferente e as acompanhei. A jovem sacudia a filha, chegando mesmo a lhe dar umas palmadas. Quando entraram no carro, disse a mãe furiosa:

— Nem parece que estás sendo evangelizada. Essa mania de teu pai querer que eu te traga aqui está me deixando louca! Cada vez pioras mais.

A garota com aquela cara que bem conhecemos nas crianças, quando elas estão furiosas, batia o pé, puxando os próprios cabelos e começou a chorar. A mãe descontrolava-se cada vez mais, quando percebi vários irmãos desencarnados encarregados da evangelização, aplicarem passes nas duas que pouco a pouco voltaram ao normal, mais calmas. Como este caso, presenciei muitos outros, inclusive pais brigando com crianças já no pátio da Casa espírita. Ao encontrar Gumercindo, o meu semblante estava anuviado. Ele me perguntou:

— O que te preocupa, irmão?

— Foram estas cenas, Gumercindo. Momentos atrás muito feliz me encontrava. Penso mesmo que não existe remédio melhor que o Evangelho; que um lar evangelizado dificilmente tem um dependente de droga ou outro vício qualquer; que os pais podem dar todo conforto para os filhos, mas só o Evangelho fará deles homens de bem. Só Ele nos ensina a colocar os valores espirituais acima dos temporais. Tudo isso penso eu, Gumercindo.

— Luiz Sérgio, no momento a grande preocupação de todo movimento espírita é com a evangelização infanto-juvenil.

— É por isso que estou preocupado. E os adultos, por que não são evangelizados? Acredito que a criança e o jovem precisam de evangelização, mas se os pais não o são, dificilmente eles assimilarão as palavras do Cristo. Essas crianças recebem no Centro belas aulas de Evangelização, mas, e a prática? Quem lhes irá ministrar?

— Os pais — respondeu-me Gumercindo.

— Pois é isso mesmo. Há pouco, uma garotinha recebeu vários tapas da nervosa mãe, porque desejava um sorvete e esta se encontrava com pressa de chegar a casa. Iria receber amigos e precisava preparar alguns aperitivos. Essa criança terá dificuldade para compreender o Evangelho, que chega a ser até um sonho para ela.

— Tens razão. É um quadro muito triste que sempre se repete. Conhecemos uma garota que recebeu vasta orientação evangélica, mas a mãe, se dizendo seguidora do Cristo, mentia, brigava, dando exemplos avessos à Doutrina que dizia professar. A menina revoltou-se com tudo e se afundou no lodaçal da vida, onde há mais facilidade para os fracos. Sabe, Luiz Sérgio, o certo seria a Casa evangelizar as crianças paralelamente aos pais. As crianças e seus pais receberiam a presença de Jesus e pouco a pouco aprenderiam a fazer dos seus lares uma das Casas do Caminho.

— Gente grande é fogo, Gumercindo. Aposto que muitos não vão querer perder uma tarde de sábado ou mesmo algumas horas da semana.

— É verdade. E até lá ouviremos frases como esta: "que adiantou? Ela foi evangelizada, mas nada assimilou."

oooOooo

Os outros nos esperavam para voltar, sob um céu límpido que nos dava boa-tarde; os pássaros voavam alto querendo alcançá-lo para abraçar Deus; a brisa, parecendo mão de mãe, acariciava os nossos rostos, enquanto os nossos pés deslizavam sobre a terra. Agradecemos a ela por viver a nos ofertar as rosas e os miosótis que enfeitam não somente o nosso túmulo, porém, ainda mais o coração dos amigos, que muito nos têm ajudado com suas preces, possibilitando-nos a caminhada neste belo jardim. Nele os homens sempre serão amparados pelo coração de Jesus e pelos braços amorosos de Maria. Liguemo-nos a Eles, aos Apóstolos da

Caridade, que, dia após dia, plantam as sementes da fé, para que no coração de todos os seres não deixe de existir um Jardim de Esperanças.

Nós amamos você!

LUIZ SÉRGIO

Carta de Paulo aos Efésios, Capítulo I, versículos 17-21:

"E peço a Deus de Nosso Senhor Jesus Cristo, que dê a vocês o seu espírito, o espírito que os fará sábios e revelará Deus a vocês, para que assim o conheçam como devem. Peço que ele abra suas mentes para que vejam a luz, e conheçam a esperança para a qual o chamou. E também para que saibam como são ricas as bênçãos que ele prometeu ao seu povo, e como é grande o seu poder que age em nós, os que cremos. Este poder é o mesmo que Deus mostrou como força extraordinária quando ressuscitou Jesus e o colocou ao seu lado direito no mundo celestial. Cristo reina sobre todos os governos celestiais, autoridades e poderes."

OBRAS DO AUTOR ESPIRITUAL

O mundo que eu encontrei — Psicografado por Alaíde de Assunção e Silva
Novas mensagens — Psicografado por Alaíde de Assunção e Silva
Intercâmbio — Psicografado por Alaíde de Assunção e Silva e Lúcia M.S. Pinto
Na esperança de uma nova vida — Psicografado por Irene Pacheco Machado
Ninguém está sozinho — Psicografado por Irene Pacheco Machado
Os miosótis voltam a florir — Psicografado por Irene Pacheco Machado
O Vôo mais alto — Psicografado por Irene Pacheco Machado
Um jardim de esperanças — Psicografado por Irene Pacheco Machado
Mãos estendidas — Psicografado por Irene Pacheco Machado
Consciência — Psicografado por Irene Pacheco Machado
Chama eterna — Psicografado por Irene Pacheco Machado
Lírios colhidos — Psicografado por Irene Pacheco Machado
Driblando a dor — Psicografado por Irene Pacheco Machado
Deixe-me viver — Psicografado por Irene Pacheco Machado
Dois mundos tão meus — Psicografado por Irene Pacheco Machado
Cascata de luz — Psicografado por Irene Pacheco Machado
Na hora do adeus — Psicografado por Irene Pacheco Machado

OUTRAS OBRAS PSICOGRAFADAS POR IRENE PACHECO MACHADO

Diálogo com Jesus — Pelo espírito Francisca Theresa
Reflexões de Jacó — Pelo espírito Jacó
Nós amamos você — Por espíritos diversos
Reflexões de Jacó II — Pelo espírito Jacó
Por que as lágrimas? — Por espíritos diversos
Alicerce da fé — Pelos espíritos Lázaro José e João Batista
Sonhos & Realidades — Pelo espírito Jacó
Uma rosa em meu caminho — Pelo espírito Rosália
Corações amigos — Por espíritos diversos
Cântico de paz — Pelo espírito Jacó
As flores também choram — Pelo espírito Jacó

Impressão e Acabamento:

QUICK PRINTER
IMPRESSOS RÁPIDOS

SETOR DE INDÚSTRIAS GRÁFICAS - Q. 02 - Nº 460 - "PARTE A" - CEP 70.610-400
BRASÍLIA-DF - FONES (061) 343-1300 / 343-1706 / 343-1778 - FAX: (061) 343-1495